山口組顧問弁護士

山之内幸夫

角川新書

目次

第一章　山口組分裂の背景　9
「山口組分裂」の一報　10
使用者責任とは何か　15
分裂は抗争を引き起こすのか　18
「揉め事は必ず金が絡んでる」　21
安藤隆春警察庁長官の声明　25
髙山若頭が目指したもの　27
昭和三二年の別府抗争　30
「山健組にあらずば山口組にあらず」　35
第二章　代紋の重み　41
抗争の実相　42
ヒットマンの心情　49
山一抗争と民事介入暴力　58

ヤクザになる者たちが置かれた環境　64
「愛情に乏しい寂しがり屋が助け合って生活する集まり」　69

第三章　ヤクザの民事介入暴力と薬物　73

月給一六万円の雇われ弁護士　74
ヤクザと知り合っていくキッカケ　76
競売屋、交通事故の示談屋　79
ベラミ事件　83
違法行為を繰り返す警察の取調べ　87
倒産整理屋の手口　90
日本の暴力団と世界の組織犯罪集団　95
ヤクザと正業　98
薬物が最も安定した収入源　105

第四章　月額十万円の顧問弁護士　111

顧問料は月十万円　112
松田組への報復　115
山健死後の四代目問題　119
山口組四代目結成委員会　124
宅見勝の逮捕状　128
竹中四代目の発表　133
宅見勝の翻意　137

第五章　四代目山口組の船出、そして射殺　145

四代目誕生と一和会の旗揚げ　146
田岡親分の遺産とは何か　148
山口組顧問弁護士の誕生　152
ヤクザの実態を世に知らせる　158

竹中組長襲撃の日　160

第六章　暴力団の運命　165

ヤクザ組織は長期政権が望ましい　166
山口組の財産保有会社　170
山口組ハワイ事件　175
ロケット攻撃に備える　179
大阪弁護士会の懲戒委員会　182
山一抗争の結末　184
『悲しきヒットマン』の出版　187
映画「激動の１７５０日」　190
ヤクザの仕事を続けたければ　194
暴対法の狙いとは　197

あとがき　203

第一章　山口組分裂の背景

●「山口組分裂」の一報

二〇一五年八月末、実話誌の記者から一報を得た。

「山之内《やまのうち》さん、山口組が分裂したという情報が入ってますが、何か御存知ですか」

「えっ！　何ですかそれ。知りませんよ」

耳を疑った。有り得ないことだ。私は山口組の顧問弁護士だが普段組の運営や政治的な話はしないので寝耳に水だった。

でも記者が分裂という言い方をする以上、一つや二つの組が出たということではなかろう。代替わりでもないのに継続中の山口組が割れる等《など》考えられない。

と同時に体から血の気が引いて行く。忌まわしい悪夢が脳裏に甦《よみがえ》った。一九八五年一月二六日竹中《たけなか》さんが撃たれた夜、私は大阪警察病院前の混雑の中で、ハンドマイクを持つ岸《きし》本《もと》さんを見詰めていた。

「山口組組員の皆さん。静かにして下さい。親分は今、手術中です。先生方も最善の努力をして下さってますので今は見守って下さい。追って本部から通達します。今日は解散して下さい。判りましたか」

それでも集まった組員は病院から去ろうとしなかった。私は茫然《ぼうぜん》と立ちすくんだまま、一命だけは取り留めてくれと懸命に祈っていた。

山口組が分裂し竹中正久《まさひさ》組長が四代目に就いて僅《わず》か半年ほどの凶行だった。

また九七年八月二八日宅見勝《たくみまさる》さんが殺された夜、私は一人で星を見ていた。誰にも会いたくなくて市内から生駒《いこま》の山へ逃げた。山の頂上からだと大阪でも少しは星が見える。悠久の夜空に宇宙を想像した。人類など膨大な時間のほんの一瞬。一人の男が殺されたからとて何ほどのことがあろう。

それにしてもむごい。残忍である。どうして殺すところまで行かなければならないのか。殺すことが本当に解決になっているのか。暴力団の世界はとうてい私には付いて行けない。もう嫌だ。そう思った。

私と山口組との付き合いは古く、七六年頃から山口組組員の弁護が漸次増え八一年には当時の山口組本部長小田秀臣《おだひでおみ》氏の顧問弁護士をしていた。

本家山口組の顧問に就任したのは竹中正久組長が四代目になった年、八四年の八月である。親交の深かった宅見勝さんが私を本家の弁護士に推薦した。宅見さんは生涯を通じ最も親しく交際したヤクザだが、知り合った頃（八二年頃）は、まさか山口組の若頭にまで上りつめるとは思いもしなかった。

さて一報を聞いた私だが、山口組分裂が誤報であってくれと願うものの、報道の大きさはもはや動かしがたい真実を予感させた。組を出たのは入江《いりえ》さん、正木《まさき》さん、寺岡《てらおか》さん。信じられない。皆、六代目山口組を盛り立てるため懸命に働いた人だ。まさに誕生後の六代目山口組中枢である。特に入江さんはそうだ。そして山健《やまけん》組組長の井上《いのうえ》さんも出た。

山口組には直参と言って親分と盃《さかずき》を交わした舎弟（兄弟分の弟）と若中（子供）がいる。六代目発足時には一五人の舎弟と八二人の若中で船出したが、舎弟、若中ら二次団体の皆が山口組の運営に携わる訳ではない。組の運営は役職に就く少数の人が担っている。多くの直参は山菱《やまびし》の代紋で渡世を張るという共通の目的はあるものの、普通は執行部の決定に異を唱えたりしない。

組の規模もまちまちで組員数二千人を超える組から十数名という団体まで経済力に大きな差がある。

入江さんは私が宅見さんと知り合った八二年頃は宅見組若頭補佐だったと思う。入江さんとは古い付き合いで、この度私に六代目山口組の顧問弁護士を要請してきたのが彼だった。髙山清司《たかやまきよし》若頭を全力で補佐し司《つかさ》組長を懸命に盛り立てた。そんな入江さんが一体どうして、と思わずにいられない。よほどの覚悟に違いない。

六代目山口組から出た人は山健組組長の井上邦雄《くにお》さんを親分として神戸《こうべ》山口組を旗揚げした。だが過去の例からすれば組を割って出た側は圧倒的に不利で、本家側の切り崩しに遭い、戦いの末消滅する。出た勢力が大きければ大きいほど抗争も激しくなり何人もの命が奪われないと先が見えてこない。よりによって入江さん、井上さん、正木さん、寺岡さんと親しい人ばかりだ。そんな親しい人が殺されたり、長い懲役に行くのはもうごめんだ。

第一司さん共々皆んな歳ではないか。今から長い懲役に行く元気などないはずだ。意地を張るうち取り返しのつかない事件に発展したら人生が終るかも知れない。自分が安全な位置にいると思ったら大間違いだと思う。

対立が激しくなってトップクラスの人間を狙うという段階になれば、それは組ぐるみの計画に決っており、狙う側の組長や若頭は共犯であり、組織犯罪処罰法で罰せられる。若衆が罪を背負ってくれると信じるのも甘い。

「親分は関係ありません」といくら供述しても、通用しない時代になってきている。殺害の背景事情を見て組の意向が働いていると認定されたらまずいことになる。

裁判所は「これほど大それた殺害計画を実行するのは組長の了解なしにできることでは

ない。それがヤクザの行動原理であり、本件には黙示の共謀が認められる」と認定して、実行犯より重い刑を親分にうつだろう。

この考えは司忍《しのぶ》、桑田《くわた》兼吉《かねよし》両組長及び瀧澤《たきざわ》孝《たかし》総長の有罪判決に既に見られる。宅見勝暗殺後の三人に対するけん銃所持事件で裁判所が採用するようになった理屈だ。親分たる者「若衆がガードのためにけん銃を持っていることを知らない訳がない」と決めつけ、それが「ヤクザの行動原理」であると言うものだ。

当時の司さん、瀧澤さん、桑田さんと言えば山口組の屋台骨のような中心に居る大物だ。そんな大物が警察にとってまことに都合良く最高のタイミングで犯罪を犯す訳がないのに現に捕まっている。事件当時三人共若い衆がけん銃を所持していた事実など知らないのだ。それでも裁判所は情況から「共同して所持していた」ことにしてしまった。

もし今回の分裂が抗争状態になって、どこかのヒットマンが相手組織のトップを撃ったとしよう。攻撃側のトップが仮に知らなくても、「傘下の組織で暗殺隊が編成されたことは抗争状況下には起り得ることであり、被告人においても認識し得る」と認定される。それがヤクザの行動原理であり、先のけん銃所持事件と理屈は変らないからだ。

実際問題としてもヒットマンを走らせた組の上層部が計画を知らない訳がない。相手組織トップの命を狙うのは単独犯や思いつきでできることではなく、背後に組の強力なバックアップが無いと、目標に近づくことすらできない。そもそも日本のヤクザは短銃一つで厳重なガードに守られた人物を狙うのだから物理的に無理がある。竹中四代目や宅見組長が殺された時は本人と周りに油断があって、とんでもない結果になった。

●使用者責任とは何か

今の刑事裁判はヤクザが何を言っても通用しない。無罪の主張など弁護士の懐を肥やすだけで何の慰めにもならない。司、瀧澤、桑田ら三組長の有罪判決は捜査当局には画期的新解釈と言って良く、将来に大きな影響を残すだろう。

ヤクザ抗争は両当事者の組と、警察の三つ巴《みどもえ》のバランスで推移するものだが、今は警察の力が圧倒的に強くなっている。組を挙げての抗争などそもそもできない。

ちなみに使用者責任と言う言葉はヤクザも使うが、ヤクザ流の解釈としては、抗争で末端組員が発砲した場合、トップまで責任をとらされるという意味で考えられており、刑事責任を問われるというニュアンスだ。

だが使用者責任とは民事責任のことで、発砲によって人を殺した場合等、損害賠償義務が親分にまで及ぶという意味である。懲役刑が及ぶという意味ではないのに、抗争が組ぐるみになると組長も刑事上連帯責任をとらされそうな誤解がある。

思えば五代目山口組組長の渡辺芳則《わたなべよしのり》さんは二〇〇四年この使用者責任で気を病んでしまった。その年の四月、改正暴対法が成立し「抗争に巻き込まれた被害者は上部団体トップに損害賠償責任を問える」と法律で明記された。さらに同年一一月「警察官誤射殺」事件の民事裁判上告審で最高裁が上告を棄却し、渡辺五代目の使用者責任が確定した。

渡辺さんは入れ墨を入れたことが原因でC型肝炎を患っており、治療薬の副作用で不眠症に悩んでいた。睡眠薬の飲み過ぎで判断力が低下していた。そんな時かねがね情報をもらっていたある刑事から「使用者責任が刑事裁判でも認められる法律ができますよ」と耳打ちされ、これを信じてしまった。法律ができればトップの組長たる者、傘下組員の不祥事を次々と引責して永遠に刑務所から出られない。組長などやってられない。

思い詰めた渡辺さんは山口組の全ての行事が嫌になった。とうてい執務につける状況ではなくなってしまい、執行部はやむを得ず一一月に緊急直系組長会を開き「五代目休養宣言」を発したのである。親分の休養宣言など前代未聞、結局その年の事始めは中止、翌年恒例の誕生会も中止され、司六代目誕生へ向け一気に政局は動いた。ヤクザにとって使用者責任という名の連帯責任がいかに恐ろしいかである。

抗争を封じ込めるには「抗争における下部組員の発砲は組長にその責任が及ぶ」「下部組員とは破門、絶縁等の処分を受けて五年以内の者を含む」という法律でも作れば、いっぺんに収まる。五年以内を入れておくのはヒットマンとして走らせる時、事件の直前に破門して組員ではないと偽装するからである。

抗争での発砲は当該組のため、即ち組長のためでもあるのだから、組長は刑事上責任を取るべきと言えば言えなくもない。既にちまたでは使用者責任がそのように誤解されている。ヤクザの息の根を止める法律を作ることは可能であり、所詮《しょせん》ヤクザ組織は国家権力の目こぼしの中で生きているにすぎない。

目こぼしされている理由は生かしておいた方が良いと思われているからで、例えば売春業を見ても判るが、日本では違法なのに各都道府県で目こぼしされて商売が存在する。しかも違法なのにかなり大きな資本投下の店舗が見られる。つまり売春業は安心して継続し得る違法業種なのだ。ヤクザも必要悪とされる意見があるのだから、売春業を見習って安心して渡世を張れる優等生にならなければならない。国民や権力から嫌われたら存続できない。なのに昨今のヤクザは嫌われ追い詰められて「絶滅危惧《きぐ》種」と言われている。若者に全く人気が無く若い人が就職して来ない。

●分裂は抗争を引き起こすのか

思えばその昔一九六四年、暴力団に対する第一次頂上作戦が始まった頃は、ヤクザ人口が史上最大にまで膨らんだ時代だ。第一次頂上作戦は猪野健治《いのけんじ》氏の著書に詳しいので要約、引用させていただくと、それは日本の刑事警察始まって以来の暴力団殲滅《せんめつ》大作戦だった。二年足らずの間に検挙した組員は延べ一七万人、解散、離散した団体は七〇〇団体に及ぶと言うから、警察がその気になればすさまじいものだ。

広域七団体中解散しなかったのは田岡一雄《たおかかずお》三代目山口組組長だけだった。その田岡でさえ盟友に去られ、正業から身を引き、組の主要幹部、古参のことごとくが逮捕され、心身共に満身創痍《そうい》となっている。それでもなお兵庫県警は病床の田岡を四つの容疑で追い詰めた。

ここまで国に嫌われた原因はヤクザが勢力を伸ばし過ぎ、遂《つい》に政治にまで口を出したのが理由である。六三年松葉《まつば》会、住吉《すみよし》会、国粋《こくすい》会、錦政《きんせい》会、東声《とうせい》会、義人《ぎじん》党、北星《ほくせい》会の七団体名で自民党の衆参両議員の自宅に「自民党は即時派閥争いを中止せよ」とする警告文が送られた。この警告文は中立の立場ではなく、河野《こうの》一郎《いちろう》を擁護する内容になっておりヤクザが自民党の選挙に口を出していた。しかも背景に暴力の臭いをさせながらである。いくらヤクザが暴力の専売特許を持っていると言っても国会議員に圧力をかけたのはやり過ぎだ。政府の怒りを買って徹底的に弾圧を食らった。今回の分裂も警察の出方次第では鎮圧も可能で、分裂したら必ず大抗争になるというものでもない。当事者である六代目執行部も神戸山口組の執行部も警察の顔色をうかがいながら加減を取っており、マスコミにあおられて動くほど単細胞ではない。

確かに六代目側にすれば盃を放棄して勝手に組を割った人間が、同じ代紋を使って渡世を張る等天地がさかさまになっても容認できない。

だからどうすると言われたら、やることは一つと答えざるを得ない。「誰がやるの」となれば「そりゃー名古屋《なごや》でしょう」となってしまう。今回の分裂は山一抗争と違い皆んなでやるムードがない。だからそういうことは傷口を広げるので口にしない。出た側にもあんなにまで身命をなげうって六代目体制作りに励んだのに、と評価される人がいる。当時と今は考えが全く違うということになるのだが、何の総括もなく盃をほったらかしにして「やめました」ではあまりに収まりが悪いと思う。極道の盃はもっと真剣な契りだったはずだ。

分裂後六代目山口組に残っている一般直参組長の感想は「親方が勝手に割って出たら若い者が可哀想」と言うのが多くの意見だろう。山口組から離れ一から代紋の権威を築いて行くなど事実上、今は不可能である。

過去の例からすれば新組織はいずれ頓挫《とんざ》し組員達が元のサヤに戻る可能性が考えられ、その間殺したり殺されたり、食うや食わずで肩身の狭い思いをしながら挫折を味わうことになる。懲役に行かず生き残れて元の山口組に戻れたらラッキーだろう。

例えば四代目誕生前の山口組大分裂だが、この時は組員達にまだ選択の時間があった。当時私が顧問をしていた小田秀組でも一和《いちわ》会に参加しようとしていた小田秀組長に配下が反対した。かなり騒然とした組内だったのをよく覚えている。結局小田秀さんは皆んなに反対され組員に出て行かれて、一和会結成の記者会見に参加しなかったし、我が身は引退せざるを得なかった。

司六代目の弘田《ひろた》組も同じだ。組長が一和会に行こうとしていたのを六代目が阻止した。余談だが小田秀親分は若衆が離れてしまい、仕方なく貸金の回収方法を私と二人で相談したことがある。

ヤクザもトップになると実質はヤミの貸金を収入源にしている人がいる。しのぎの元手をヤクザに貸すのだが、貸す親分の座布団と組員あっての貸金業で、両方無くしたら金を返すヤツがいない。ドライなものである。

●「揉め事は必ず金が絡んでる」

今回神戸山口組に集った組長達は組員に計画を知らせるいとまなどなかったはずだ。組員はほとんど予備知識なく天から爆弾が落ちてきた。ヤクザにとって担いだ代紋は生死を共にするほど重いもので、急に「今日から変る」と言われてもついて行けない。そんな勝手なことをしては組員達が可哀想というのが六代目残留一般直参の意見だと思う。

ところが出た人は「神戸山口組」と名乗って、山菱の代紋を同じように使い、こちらが本流であると主張している。自分も含め若衆の心の支えを維持したもので利口なやり方だ。代紋が分派して存続する例は確かにある。

警察庁は現状を既に抗争状態と言っているが、組を挙げての暴力とは言い難く、抗争には至っていないと思う。双方の主張する大義には腑《ふ》に落ちない点があり完全な対立になりそこねている。しかも攻撃するのはリスクが大きく、組を挙げてのやる気にブレーキがかかっている。

例えば発砲して相手組事務所の窓ガラスを割ったとしよう。本来割られた側が攻撃を受けたのだからダメージを受けるべきだが、実際は撃った側が甚大な被害を被る。

実行犯を逃げさせる費用、捕まったら弁護士代が要る他、自供しないよう圧力をかけ、あるいは過分に差し入れして口止めする費用、受刑に入ったら家族の生活を見る費用が要る。おまけに銃刀法は重罪だから十年の刑を食らう。犠牲は極力一人で済ませたいが、けん銃の入手経路を追及されて白状でもしたら最悪である。

捕まった実行犯が組の面倒見の悪さにスネて「若頭に言われて走りました」とか「親分が私の目を見て頑張れと言ってくれました」とか供述すれば一巻の終り。たとえそれが嘘でも、裁判所は絶対真実ということにしてしまう。組長までパクられたら何のためにやったか判らない。組長あってこその功労である。シャバに居る人間は片時も枕を高くして眠れない。

山口組の過去の歴史を見れば抗争で大きくなった事実は否めないが、今回は無理だ。手を出した方が損をする。だから挑発して、相手に手を出させ警察につぶしてもらうという姑息《こそく》な手段が効率の良い方法になる。

何とも哀れな抗争になるので、そんなことなら話し合いの道を模索する方が良い。分裂した原因と理由はお互いが判っているはずだから理解できない訳がないと思うのだが。

そこで今回の分裂の理由を改めて考えてみる。多くの報道が伝えているとおり、金と人事、弘道《こうどう》会方式の導入、プラス山健いじめということになろう。

金というのは毎月徴収する会費（通常上納金と言われる）と、盆や暮、誕生会など親分に贈与されるお金のこと。それと半ば強制的に買わされる日用品の購入費用のことである。

これが例えば八九年五代目誕生後の、バブルの余韻に浮かれていた時なら状況は違った。苦情等は出ない。地上げで腐るほど金を持った組がいくつもあり、金で親分の歓心が買えるなら喜んで出しただろう。ところが今は暴対法の強化と、特に暴力団排除条例の影響で世間のヤクザ離れが激しい。

しのぎのパイが極端に細り、かっての贅沢《ぜいたく》が出来ないどころか、食っていけないヤクザが多数出ている。組員数が過去最少人数にまで減少しているのは周知の事実だ。組員の少ない直参など毎月の出費に耐えかねるところもある。そんな時代にもかかわらずきついう会費を徴収したというのが反感を買った理由である。

確かに六代目体制では五代目時代より三五万円ほど会費が増え、義理の分担金徴収もきつい。本部から要請される日用品購入についても、私の経験で苦労しているなと思ったことがある。と言うのは三次団体のある小さな組がしょっちゅう水をプレゼントしてくれるのだ。水など毎月沢山もらってもカサ高くて困ってしまうのだが、「充分足りていますので」と言っても持ってくる。

その時は判らなかったが後に理解したところでは、水を強制購入させられて処分に困っている、ついては私が山口組の顧問弁護士だから水を買わせないよう言って欲しいという請願のためのプレゼントだった。六代目以前の山口組では日用品を買わされるということはなかった。でもそんなデリケートなことを私が言える訳が無い。それでなくても六代目体制は風通しが悪く、物が言えないのに。

岸本才三《きしもとさいぞう》さんが「過去山口組の揉《も》め事は必ず金が絡んでる」と言って、自らは不透明な金の流れを絶対に作らなかった。だからこそ本部長を一七年間も務めたのだが、会計の透明性はトラブルを防ぐ最良の秘訣《ひけつ》である。しかしお金に原因があるとしても金の事なら話せば判り合えるし、現に分裂後は徴収が緩くなり直参の方も楽になったはずだ。

また六代目体制になってから、全国の直参は神戸の本部につめるよう制度が変った（参勤交代と言われる）のだが、これも遠くの人には時間とお金がきつかったようだ。

●安藤隆春警察庁長官の声明

山口組では二〇〇八年、後藤忠政《ごとうただまさ》組長他七名が処分された大事件があった。その人達の最後は私との面談で終るのだが、参勤交代が経済的に辛かったと言った人が何人かいる。

確かに時間をとられ、金を使い、その割には本部で雑談するだけの用なので納得いかなかったかも知れない。でも今は改善された。ちなみに私がやめた人との最後の面談者になるのは山口組の清算事務を処理するためである。今回神戸山口組に参加した人達とも六代目山口組との最終事務処理が未了で残っている。

それと一部に分裂の原因は弘道会方式の導入にあったとも言う人がいる。弘道会方式というのは非常に厳しい組織統制を敷く強権支配のことで、戦闘力を高める目的がある。弘道会方式の元では例えば会費が払えない組員がいたとしたら、無理にでも払わせるか、さもなくば処分するといったやり方になる。

組員の管理も厳しく日常の行動を逐一報告させ、場合によれば重箱の隅をつつくような細部の問題にも指示を出す。中央集権を強め情報収集を徹底して、常時危機に備える他、警察権力とは一切妥協しないというやり方だ。

警察には組の情報を教えないし、事務所にも入れない。事件を起こしても犯人を出頭させないとの方針で対決する。それどころか逆に警察情報をとるため賄賂《わいろ》を使って一部の捜査員を手なずける他、著るしくは捜査員の自宅や家族構成を調べ上げて家族にまで危害を加えかねないという脅しをかける。

国家権力を挑発している印象さえあるが、さすがに〇九年、これには安藤隆春《あんどうたかはる》警察庁長官が声明を出した。

「弘道会の弱体化なくしては山口組の弱体化はなく、山口組の弱体化なくして暴力団の弱体化はない」弘道会壊滅作戦を指示したのである。

弁護士にとっても弘道会直参組員の刑事弁護は、事細かく名古屋に報告させられ、裁判資料も見せるよう要求されることがあるのでやりにくい依頼者である。弁護士はヤクザに使われているという仕事の仕方を嫌うのだが、弘道会にはその傾向が強い。

はたして名古屋で成功したこの弘道会方式を本家に導入してうまく行くかどうかだが、少なくとも直参の組長連は高山清司若頭の強権的態度にびっくりしたようだ。

私には昔から親しい直参の組長が何人もいるが、陰で不平を言う人が沢山いた。上から頭ごなしに命令され返事の仕方が悪いとボロくそに言われたとか、「今日や昨日に来たヤツに呼び捨てにされた」と言って腹を立てている人がいた。

ヤクザ組織は民主主義ではなく命令と服従が基本である。皆が命令に従う理由は代紋のおかげで金儲《かねもう》けをさせてもらい、利権分配及び安全保障の傘の下に入れてもらえるからである。確かに組は有事に備え機動力を発揮するため、機敏な決断とトップダウンの命令系統を持つのがよい。弘道会方式はそれに沿う。とは言え皆が慣れていなくて窮屈過ぎたり、頭ごなしの口調にプライドが傷ついたりしたことも確かだろう。「何で急に、そこまでリキまなあかんねん」という気持ちがあったと思う。

●髙山若頭が目指したもの

髙山さんは六代目誕生の年に直参になり若頭になった人で、そのスピード出世ぶりや、組長の出身母体から山口組のナンバー2を同時に出したという異例ずくめの人事に「弘道会による山口組支配」との違和感を持つ直参もいた。

司組長が髙山弘道会二代目会長を山口組若頭に抜擢《ばつてき》したのは自身の受刑が迫り、早晩社会不在になることが判っていたからだ。安心して下獄できるよう腹心の部下を持って来たもので弘道会による山口組支配のためではない。

高山若頭は命令系統の序列をはっきりさせ強い山口組を作ろうとしたと思われる。弘道会流の組織統制がいつの時代に確立されたものか判らないが、少なくとも司組長が率いた弘道会には押しも押されもせぬ実績があり、けっして間違ったやり方とは思えない。それは山一抗争における突出した武勲、山波《やまなみ》抗争で見せた圧倒的な機動力、みちのく抗争での情報収集力そして群雄割拠の中京を統一したというゆるぎない自信。さらに加えて六代目誕生の〇五年に国粋会工藤和義《くどうかずよし》会長を司組長の舎弟として迎えたという衝撃の事実が証明している。

東京に山口組系組織ができるということはとてつもなく大きな出来事で、しかも国粋会という広大なシマを持った伝統の組が山口組入りしたのだから、これは大変なことである。やり様によれば山口組によるしのぎの主戦場が東京に移る。今では山口組傘下組織が東京に事務所を作っても、文句を言われる筋合いはないという風潮に変ってきているし、現に多数進出している。しのぎは利権の大きい東京が良いに決まっている。

司親分の実績は群を抜いているが人は親分を武闘派と言う。山口組の歴代組長は力を信じる者が継ぐことになっており正しい後継者だ。

高山若頭は確かに強烈かも知れないが実績に裏付けられており、弘道会の歴史を見ればケチのつけようがない。そして司六代目が山口組としては珍しくすんなり決まった頭領であることも忘れてはならない。

六代目誕生には反対が誰一人とて無かった。司組長以外人物がいなかったということだ。例えば四代目の時なら、山広《やまひろ》組長以下知る人ぞ知るネームバリューの親分衆が大反対を唱え山口組を割って出た。そしてあの大抗争。

五代目の時も竹中武《たけなかたけし》さんが賛成していたとは言い難い。渡辺さんがこんなことを言っていた。

「武（タケシ）は、頭（カシラ）が五代目継いでくれたらええ、いうて口では言いよるが、俺のやることなすことといちいち反対しよる。俺は武が五代目をやりたいと思てるとしか思えんわ」

すんなり決まった五代目とは言えないだろう。ところが六代目の時は司組長で異論が無かった。弘道会の実績、戦闘力、経済力が誰の目にも明らかだった。

そして力を信じる者は必ず平和を望むようになる。山口組の代紋頭となった六代目も遂に念願の抗争なき社会を目指した。日本任侠《にんきょう》界のリーダーとして平和共存を願い、それを実現させ日本からヤクザ抗争を無くした。とても大きなことだ。これらの実績は通称弘道会方式と言う強権支配で内を固めた成果だと思える。反感を持つのも判らないではないが功罪を熟考するのも必要だろう。

また髙山若頭は反旗を翻しかねない芽を徹底的に摘み、処分するのに躊躇《ちゅうちょ》が無かった。後藤忠政さんら八人を切った〇八年の後藤ショックは強烈極まりない強権発動である。しかし当時の執行部がこれを後押しし、六代目山口組にとって初の大粛清は成功した。後藤さんは実績、ネームバリュー、組織力共に知らぬ人はいない実力者だ。六代目誕生時にも瀧澤さんと二人で渡辺さんに引導を渡してくれた人で、いわば司組長にとって恩のある人なのに、そんな後藤さんを処分するのはものすごいことだ。重荷をのけたのだろうが通常の人間にはできない。髙山若頭という人物は今回の分裂が無ければ間違いなく英雄であろう。

●昭和三二年の別府抗争

山口組を日本一の大組織にしたのが言うまでもなく田岡一雄三代目組長である。その田岡親分はある意味、暴力と粛清の人だった。後藤ショックはその暴力と粛清を彷彿《ほうふつ》とさせる。

昭和三〇年代、田岡組長が脂の乗り切った四〇代から五〇代前半の頃、親分の好戦性が日本全国を暴力団抗争の嵐に巻き込んだ。山口組にとって最も影響が大きかったのは昭和三五年（一九六〇年）山口組が大阪に大量進出し地盤を築く原因になった明友会《めいゆう》事件である。

それ以外にも夜桜銀次《よざくらぎんじ》射殺に端を発する博多《はかた》事件（昭和三七年）があり、三〇〇人の大部隊を現地に送り込んで社会問題を起した。また仁義なき戦いのモデルとして有名な広島代理戦争が昭和三八年（六三年）に起っており、さらには小松島《こまつしま》抗争、鳥取抗争、松山《まつやま》抗争等々、抗争に次ぐ抗争で今では考えられない傍若無人の無法振りだった。

まさに暴力こそ力なりという考えがにじみ出ている。田岡親分は縄張りに関しても関西には地域的な縄張り意識が無いのを幸いに、侵略して治めたところが自分の縄張りという考えの人だった。この乱暴狼藉《ろうぜき》が前述の昭和三九年（六四年）第一次頂上作戦の遠因になっている。

右とは別に昭和三二年（五七年）には大分県別府《べっぷ》市で別府抗争と呼ばれる事件が起っている。別府抗争は司六代目と深い関係があるので少し紹介する。

司忍こと篠田《しのだ》建市《けんいち》少年はこの時中学三年生の一五歳だった。大分県別府市で山口組三代目石井《いしい》組と当地の井田《いだ》組が「別府温泉観光産業大博覧会」の興行を巡って抗争を起した。大分県は六代目の出身地である。

石井組長がけん銃で狙撃され、返しに石井組組員が井田組に通じている市会議員を射殺するという事件が起り、県内外から多数の応援組員が別府に集結した。

石井組という組織は昭和二七年、石井一郎《いちろう》によって起された組で露天商を生業としており、山口組小西《こにし》一家の傘下から後に直参になった組である。抗争当時は山口組小西一家内の三次団体だった。

双方の応援組員は街中でけん銃や合口を携行し、別府の町は不穏な空気に包まれ、温泉街は無法地帯と化した。抗争の様子が連日報道で流れた。当時の新聞によると現地別府毎日は昭和三二年四月「無法暴力団山口組、別府に上陸す」との見出しの元に、まるで山口組系石井組が悪で、地元井田組にエールを送るような記事を書いている。

それは井田組長がヤクザながら市会議員でもあり別府の知名人だったからだ。この頃はヤクザでも出世すると政治家になれた。別府抗争は全国紙においても六、七段のスペースが割かれ戦況報告が綴《つづ》られている。

ヤクザ抗争に兇器《きょうき》を持った応援団が集結し、我が物顔で町を闊歩《かっぽ》する無法はさすがに国を動かした。翌昭和三三年刑法の一部改正が国会で議決され刑法二〇八条の三に「凶器準備集合罪」が付け加えられたのである。

中学生だった建市少年は報道や人の噂を聞くにつけ、別府市のピリピリした空気に興奮を覚えた。テレビのニュースで三代目山口組の応援部隊が警察に反抗しているシーンを見ると闘争心が湧き起こった。

石井組組員の事務所も映っていたが、組員達の整然とした規律に少年は感動を覚えた。応援部隊を見たくて時間があると汽車で別府に出て行った。建市の考えでは喧嘩《けんか》をして一番強いのはヤクザに違いないし、喧嘩に強い者が男として立派なのだと思えた。

昭和三〇年代は三代目山口組が怒濤《どとう》のごとく全国侵攻作戦を展開した年代だ。そして助っ人の応援部隊を抗争地に送り込むデモンストレーション戦法は別府抗争から始まっている。

この別府抗争は結局において山口組が勝ち地元井田組が消滅するという結末になったが、建市少年の心に大きな感動を生んだ。力と力がぶつかり合う緊張感や闘いの興奮が彼を酔わせた。誰に教えられるともなく、ヤクザの世界は自分の器量一つで力が認められる場ではないかとの思いを抱くようになった。

司組長は憧《あこが》れてヤクザになった人だが、その芽は別府抗争における山口組のデモンストレーションにあったのである。

田岡組長が生涯身を以《もっ》て示した力への信奉は山口組主流派に脈々と受け継がれている。武闘派が代をとるのは山口組として至極当然、そのために必要な強権支配ならそれも良しとすべきだ。

ただ強制や命令でヒットマンを走らせたら必ず失敗する。逮捕後自供されて組ごと共犯になるだろう。人生を捨てて仕事をするのは恩や愛に報いたいと言う気持ちが核になっていなければだめだ。無理強いしてもろくな結果は出ない。強権支配も支配される側に信奉心が無いと難しい。

田岡組長のもう一つの特徴は冷酷なまでに「切る時は切る」という粛清人事だ。山口組史上柳川《やながわ》組を絶縁したことや菅谷政雄《すがたにまさお》を絶縁したことは特筆に価する。柳川組、菅谷組は山口組への功績が大で、果たして組長と言えど処分権限があるのかすら疑問だが、田岡組長に躊躇はなかった。その冷血な処分に内輪の反感もない。まさに田岡組長が偉大だった証《あかし》である。

●「山健組にあらずば山口組にあらず」

髙山さんと六代目執行部は後藤さんを処分した。凄《すご》いと思ったが今回の分裂を見ると早かったようだ。六代目体制はそこまで熟していなかったのかも知れない。

最後に分裂のもう一つの理由、人事の不満と山健排除だが、これは難しい。神戸山口組の言い分は六代目親分が弘道会を優位につけ、ことさら山健を排除せんとするのは身内贔《ひい》屓《き》の利己主義に他ならない、というもので、結局分裂の究極の原因はここにあると思う。

特に山口組の七代目、八代目まで弘道会で独占しそうな人事の采配《さいはい》が不信の根底にあるようだ。さらに弘道会優先と同時進行で山健組の弱体化が一貫して企図されており、六代目体制での井上さんには随分軋轢《あつれき》がきつかった。この度山口組を出た人はそんな井上さんを応援する気になったように思える。

そもそも山健組と弘道会の因縁は五代目時代に山健組が肥大化しすぎたことに起因する。五代目渡辺組長は「数は力なり」と信じる人で山健組が大きくなることを望んだ。

山健組を離れ山口組のトップになっても山健組の強大化を容認しており、遂に三代目桑《く》田《わ》兼吉《かねよし》組長の時代には組員数が正規七千人、準構成員を含めると一万人にも膨れ上がり「山健組にあらずば山口組にあらず」とまで言われるほどに拡大した。完全なアンバランスで他の二次団体は必然的に存在感も薄く、しのぎも幅寄せされ、肩身の狭い立場に追いやられた。

五代目が終焉《しゅうえん》を迎える時には肥大化しすぎた山健組を弱体化しなければならないというのは避け難い命題だった。

二〇〇五年（平成一七年）、司六代目山口組は船出しているが、この年の四月に山健組から極心《きょくしん》連合会・橋本弘文《はしもとひろふみ》会長、太田《おおた》会・太田守正《もりまさ》会長が直参に上がり、一一月には木村《きむら》會《かい》・木村阪喜《さかき》会長、大同《だいどう》会・森尾卯太男《もりおうたお》会長らが山健組から離れ直参となった。四代目山健組井上邦雄組長は六代目発足と同時に直参となり一二月には若頭補佐に昇格した。四代目井上四代目の山健組はスリムになったとは言え、二千人からの組員を抱え山口組内の最大勢力に変りはない。

これに対し弘道会は六代目発足時に組内から一人として直参に上げなかった。山健組を意識して現有勢力を温存させる意図と思える。

五代目時代司さんと渡辺さんは良く話をする仲だったそうだが、岸本さんに言わせると「あの二人は合わん」という気性の違いがあったようだ。司組長にとって伝統の山健組は偉大な功労者であると共に、越えるべき壁としてトラウマのように立ちはだかっていたのではなかろうか。山口組から山健色を薄めるのが六代目の隠れた目的であるとしたら弘道会を前面に出すのが最短の道かも知れない。確かに組長の人事権はそれを可能にする。

この度山口組を出た組長連が、山健をなおざりにし弘道会支配を彷彿とさせる人事には付いて行けないと言うのなら、これは難しい問題である。他の理由はまだ理解し合う余地があるが人事となるとちょっとやそっとで妥協点は見出《みいだ》せない。本来人事は親分の独占的専権事項である。ヤクザ社会ならなおさらのことだ。

一般には想像できないだろうがヤクザにおける座布団の位置というのはとても重要なもので、座布団が一枚上がるか上がらないかで一喜一憂し、現金が動くことすらある。各直参組長がどのポストに就くかは本人の名誉のみならず組員の志気や、しのぎにまで影響を持つ。有名な組は当然組員が増え、いい仕事も入ってくる。

六代目山口組の特徴としては過去に無かったものも含め役職が非常に多い。人事刷新もよく行われる。やる気を出させるために苦慮していることがうかがわれるが、運営に不満を唱える者を排除している様子もうかがわれる。

例えば六代目の誕生に際し執行部に入ったとしよう。執行部入りした親分は週末以外神戸に入りびたりで、地元のことは何も出来なかったとしても、地元組員や後援者の見る目は熱い。ひょっとしたら「ウチの親分が山口組の七代目になるかも知れない」と思ってしまう。客観的には「それはない」と言えるケースでも身内の見方はそんな期待に胸を膨らませる。本部長や若頭補佐というポストは山口組を動かす実力者であると共に次期頭領への夢を抱かせる。

まさか簡単に更迭されるポストとは思えない。役職をはずれ舎弟に直る時は「お務め御苦労様」と肩を叩《たた》かれた時だが、二度と執行部に戻ってくることはない。人生のすごろくゲームはそこで終了したということだ。

本人の気持ちも沈むだろうが周りもがっかりする。今回六代目山口組を離れた人は執行部に居た人が実に五人もいる。そんな人間が出るというのはどう考えても尋常ではなく、性急すぎたのではないかと思える。役職をはずされるには、はずされる理由があった訳だが、それに納得できないから今回の逆縁、謀反につながったのだろう。

ジャーナリストの溝口敦《みぞぐちあつし》さんが元執行部や幹部の人達は、上納金の流れが判るのだから司六代目の所得税税法違反を立証できるのではないか、と言っている。その気になればその通りだと思う。

でもいくら何でもそれはない。そんな情けないことをするなら生きてきた自分の全人生を否定するのと同じだ。汚なすぎる。警察も入江さんや毛利《もうり》さんに頭を下げて、おだてて、乗せて、へりくだってまで調書を巻きたい（被疑者の供述調書が作成されることを調書を巻くと言う）とは思わないだろう。そこまでの「何でもあり」はない。

難しい問題だと思う。ごく自然に皆の納得する人事なら何も起らないが、個性が出過ぎたり何らかの思惑が隠れていたりすると不協和音の芽になる。六代目としては気に入らないならいつでも出て行け、との思いがあるのだろうか。後藤さんを切ったことや、瀧澤さん、岸本さんを遠ざけた印象があるのも気になる。本来六代目作りの功労者だと思うのだが。今回は神戸側が「ついて行けない」となったのだが、山健組をどう処遇するかが難しかったと思う。

そんなことを考えながら、私の心からの願いとして取り返しのつかないことだけは絶対にしないで欲しいと思う。

第二章　代紋の重み

●抗争の実相

山一抗争の時は行くところまで行くしかなかった。それは竹中四代目と中山《なかやま》若頭とガードの南《みなみ》さんまで同時に殺されたのだから収拾などあり得ない。好きなようにやりたいだけやって下さいという他なかった。

あの時は山口組も「信賞必罰」という露骨なスローガンを掲げ全組員の尻《しり》を叩いた。今なら山口組挙げて共犯になるところだが、当時はそんなことは考えもせず、否《いや》でも応でもやるしかなかった。

ところが今回は違う。組を挙げての抗争が出来る時代ではない。竹中さんも宅見さんも油断から殺されたが、今はそういうこともない。トップや執行部は傍目《はため》にも気の毒な位、ガードで固めた窮屈な生活を送っている。飲みに行けないどころか外も歩けない。油断して撃たれたら若衆や周りに迷惑をかけるので親分は撃たれる訳に行かない。

井上さんと飲み歩いた六代目初期が懐かしい。全て井上さんのおごりだが、彼は長い懲役に行っていたくせに歌が実にうまいのである。どこで練習していたのか不思議なほど、こぶしが利く。また徳島刑務所で行われる野球大会の話をする井上さんの目は最高に輝いていた。彼は高校野球のホープだった。

ヒットをよく打つそうで、チームのスター選手だ。やんやの喝さいを浴びてバッターボックスに立つとのこと。井上さんは弱い立場の人間にはとても優しい人で、女性にもよくもてる。そんなことを思い出すと何とかソフトランディングで先が見えないかと祈らずにいられない。

山一抗争と今回がよく比べられるので、さらに検証してみる。

竹中四代目ら三名が殺害されたのは一和会側の「攻撃」という積極的な動機からではない。当時一和会の山本広《やまもとひろし》会長は追い詰められていた。派手に立ち上げた組織がもろくも崩壊の一途を辿《たど》り、その責任は「山広にある」と内輪が責めた。恰好《かっこう》を付けないと二進《にっち》も三進《さっ》ち《ち》も行かなくなって打った大博打《ばくち》が四代目暗殺だった。

身内へ見せしめるための虚勢であり、最初から動機で負けている。やぶれかぶれと言っても良く、そんな無茶をした割には山広組長はよくぞ天寿を全うできたものだ。

竹中武さんが「頭（カシラ）か何か知らんが、やることもせんと、何が五代目ぞい」と私にまで渡辺さんのことで食ってかかっていた。きっちり親（四代目）の仇《かたき》を討って山広を殺してから五代目を継げという意味で、武さんは山口組を割って出てからも山広殺しを画策していた。

司さんはこんな武さんの気性が好きだったのではないかと思うのだが。山一抗争での竹中組は弘道会を凌駕《りょうが》し、誰の目にも突出した功績を残している。もし山口組の「信賞必罰」が名目通りなら文句なく五代目に価する男でありながら、その選んだ人生は山口組を見限るという結論だった。見事な位無器用な生き方をした親分で、あくまで山広殺しをやめなかった。こともあろうに竹中組は山口組から散々銃撃を浴びるという数奇の運命を辿っている。ちなみに宅見さんは融通が利かず政治が判らない武さんが大嫌いだった。「あんなもん」の一言で終りだった。

話を戻すが竹中四代目誕生時、一和会優勢かと言われた勢力は新生山口組の切り崩しになす術《すべ》もなく組員を減らし続けた。山本広他加茂田重政《かもだしげまさ》、溝橋正夫《みぞはしまさお》、佐々木道雄《ささきみちお》、松本勝美《まつもとかつみ》等、頭でっかちの連合体は、お互いがけん制し合い、会長を尊敬しているとはとても言えなかった。

いざという時、連合体では、やはり大きな力になり得ない。一和会は連合体にするしかなかったのが第一の失敗だ。〇一年東京の国粋会が連合体から上命下服の関西型ピラミッドに変えようとして分裂騒動が起きた。その調停に山健組、弘道会が尽力したことから国粋会の山口組入りが実現したのだ。やはり有事対応にはピラミッド型が優れている。

次に一和会の決定的失敗は山菱の代紋を放棄したことだ。代紋は山口組のシンボルマークだ。

山口組といえば日本では泣く子も黙る恐ろしい暴力団であり、その名は世界に通じる。ヤクザの仕事は相手の恐怖心を利用してお金に換える作用だ。この恐怖の代名詞たる山口組を象徴する代紋を使うか、使わないかは組織の自立に決定的意義がある。

この度六代目山口組を出た人が神戸と頭に二文字冠したものの山口組を名乗り、同じ山菱の代紋を使ったのは、一和会の決定的失敗を回避したと言える。しかも自分達が本流と主張するのは厚かましいとは思うが、山健組、宅見組が核になっているので、そんな雰囲気が確かにある。

代紋、それは血と涙の結晶であり、恐怖の代名詞であり、名誉と富の象徴でもある。まさに心の支えそのものだ。この代紋を通常所有するのは代紋頭と呼ばれる組長である。組長が死亡した場合は残された組員の総有とも、組長の遺族ともはっきりしない。〇七年静岡の美尾《みお》組が六代目清水《しみず》一家に名称を改称して物議をかもした。

清水一家といえば言うまでも無く清水次郎長《じろちょう》のことで県の観光産業を担っている。しかしこの名跡の所有者は誰かとなると難しい。ヤクザの呼び方として暴力団、ヤクザ、極道、組織犯罪集団、反社会的勢力等、その他に任俠の徒と言う言い方もある。清水一家と名乗れば正にこれだ。清水警察署が設置した「六代目山口組六代目清水一家、壊滅対策本部」となると暴力団である。観光課にすれば迷惑な話だろう。

六代目山口組は一五年九月安東美樹《あんどうみき》組長に二代目竹中組を名乗らせた。遺族は望んでいないようだが、仮に遺族が「竹中の名称使用禁止」の裁判を起したら、裁判所は認めるだろう。同じように静岡県が清水一家に「使用禁止」を求めたらそれは無理だろう。六代目山口組が神戸山口組に「山口組の名称使用禁止」を求めたら、裁判所は請求を棄却する。

理由は「裁判所は国家機関であり国家が暴力団のいずれかの利に資する判断をすることはない」と言われる。お前達で勝手にやれということだ。

こういう風に見てくると神戸山口組は一和会の轍《てつ》を踏まぬよう立ち上げており、簡単に崩れることはないと思える。一和会内で山広組長が追い詰められたような切羽詰まる事態は考えられない。神戸山口組から大きな事件を仕掛けて行く動機が無い。

六代目山口組は極道の筋からして神戸山口組を解散に追い込まねばならないとなるが、あまりに危険である。何が危険かと言うと組の上層部まで検挙される可能性が多分にある。裁判所はこう認定する。

「六代目山口組は本家として、分派した神戸山口組が山口組の名称を使い、同じ代紋を使って存続することを容認すれば、自らの存在基盤が無くなるとの危機感を抱き、これが打開のため暗殺隊を編成し神戸山口組の指導者を狙おうとするのは、ヤクザの行動原理として至極自明の理であり、本件殺人事件は六代目山口組組員共通の認識の元に敢行されたと言うべきである」

誠に尤《もっと》もである。

走る人間のことも考えて欲しい。私は日本で一番多数のヒットマンを弁護した弁護士だ。走った人間がどういう結果になるか予測すると、大事件を打った場合本人に人生は無い。大阪戦争位までなら出所して大幹部になる人生設計もあっただろうが、今は無い。大きなニュースになる殺人なら無期懲役を食らって一巻の終りだ。

ヤクザの場合は殺す相手のポストによって殺人の値打ちが全く違う。例えば撃ち易いからと言って、当番の若い子がカップラーメンを買いに出た隙に射殺したとして、何の意味があろう。可哀想で、自分は惨めになるだけだ。手柄とは思えない。

同じ人生を終りにするなら上の人間を狙って流れを変える一石になりたいと思うのは当然のことだ。そうなると相手の行動を追跡し、アジトを何ヶ所も確保し、隙が出来るタイミングを長々と待たねばならない。実行班の粘りが何より大切だが、彼らを支えるサポート班も必要になり、マンションを確保するためにはカタギの手助けも借りなければならない。決行までに犯罪の足跡をあちこちに残していくのでいずれ捕まる。

暗殺チームも実行班だけで事足りるのではなく、行動を監視する見届人が仕事を見張ることになっており、そしてその上に実行の責任者が位置する。責任者は命令すると共に最終的刑事責任を背負う役割で、しっかりした人間が置かれる。

つまり大きな事件を打つためには多数の人とそれに伴うお金が要る。もし殺害が成功したら直ちに系列全組織、全組員が厳戒態勢に入らねばならず、ことは一気に大ごとになる。襲撃班を出した組の組長が知らない訳が無く、組を挙げてバックアップしている。

ちなみに六代目司組長、神戸山口組井上組長共に抗争殺人の罪を背負って長い懲役に行っているが、いずれも現場での殺人実行者ではない。命令し責任をとる立場での懲役だった。

司組長の事件は一九六九年に発生した東陽町《とうようちよう》事件と呼ばれるもので組員の引き抜きが発端で殺人にまで発展した。懲役一三年の刑で服役しており、司組長はこの受刑中、心より抗争のないヤクザ社会を希求するようになっていた。

井上組長は田岡三代目が七八年京都のクラブベラミで撃たれたベラミ事件の報復として、渡辺芳則率いる健竜会《けんりゅう》の殺人事件に関与した。襲撃班の責任者として、一七年の刑をうたれている。司、井上両組長とも懲役の苦しさを誰よりも知っているヤクザである。

●ヒットマンの心情

ところで現実に引き金を引いて殺害を実行する人間はどういうつもりでそんなことをするのか。喜んでやる者はおらず、皆んな嫌だがそれぞれに事情があってヒットマンになる。

敵対組織の組長が悪いヤツとか、憎いとか、そういう感情はあまり無い。相手組織の行いが人道に反するとか、理不尽とかいうことでもない。狙おうとする対象の人に対し、ヒットマンの個人的な感情は基本的にない。かと言って大義の為に人生を捨てるというようなものでもない。ヒットマンにとっては山口組の組長が誰であろうがあまり変りはない。それでも行かねばならないのは本人に事情があるからだ。

私が弁護した経験で言うと、一つは負を清算するという意図があったように思える。組や親分に散々迷惑をかけたので恩返しのため、こんな時こそ恰好をつけないと組に居られないとか、元来しのぎが下手でほとんど兄貴分に生活をたかって生きてきたとか、しょっちゅうシャブで狂って問題を起し、組のトラブルメーカーであったとか、いずれも抗争時には人生を提供して負を返済しないとバランスがとれないという背景がある場合だ。

そして本人自身が下手な生き方しかできないことを充分承知しており、いざという時の鉄砲玉であると自ら主張し、周りもそういう目で見ていたといった例も多い。金儲けがうまく、口も達者な人間は絶対懲役には近づかない。山菱の代紋さえ使えれば親分がどちらさんであろうと「金だけは届けまっせ」といったタイプは抗争に無縁の傍観者である。

「まさかあの男が」という目立たない組員がいい仕事をすることがある。ヤクザの世界では抗争で人を殺しに行くことを仕事というが、普段無口で、自己主張をほとんどしないおとなしい組員が結果を出すことがある。

そういう人間の生い立ちを見れば子供の頃極貧で、靴も履いたことが無いとか、食べ物が無くて近所にもらい物をして歩いていたとか人の尊厳すら無い幼少時を送っている。他人に温かくしてもらった経験が無い人間はヤクザのぬくもりに触れて計算抜きの人生提供をする。

あるいは長じてより後の人生ほとんどを放蕩《ほうとう》の限りを尽くしたという男の例がある。彼は女房や子供に散々悲しい思いをさせてきたので、最後にいい仕事をして妻子に生活をプレゼントしようとした。組は何があろうと抗争で懲役に行った組員の生活を見なければならないが、それを自分の人生提供の見返りとして、妻子に生活を残してやった。ただし組が存続することが絶対の条件であり、山口組のように存続する確率の高い組が圧倒的に有利である。

組のために懲役に行った組員を手厚く遇しているかどうかは日頃から組員が見ている。親分が金に汚い人で受刑者を見捨てるような組ではヒットマンが出ない。貧乏な組も同じで誰もバカバカしい懲役には行かない。無理に走らせたら、上から命令されたことを全面自供する。ヒットマンが育たないような組は大きくならない。

織田《おだ》譲二《じょうじ》さんから聞いた話だが田岡親分は「人生をくれる若衆が三人いたら日本一の親分になれる」と言ったという。暴力の力で大きくなることを意味しており、いざという時に敵対相手を殺してくれる配下のことだ。三回大抗争を経験したら日本一とも解釈できる。

ヒットマンの動機として「大義のため」「筋を通すため」「組のため」「親分のため」、と言えば表向き通用する。その心意気が「俠」であり「義」であると言われればそんな気もする。しかし見返りのない純粋な犠牲はない。対価が既に使い果たした負の清算であるため判りにくいというのはあるだろう。

ただ一方ヤクザ世界の価値観は犠牲的精神をとても立派なこととして評価するのも真実だ。そして犠牲的精神は愛や恩に報いるという動機から生まれる。その動機を醸成するため、それとは判らないように愛を与え、恩を与える。ヒットマンになる資質は愛や恩を感じ易い人が良い。幼少年時代非常に貧しかったとか親の愛を全く知らない、あるいは生きるのが下手で社会的不適合者とか、いずれにせよ通常より欠けている部分だ。

それとヒットマンで走った人間は覚せい剤の経験者が多い。やはりバランスを欠いている。酔わせて使うという悪い言葉があるが、心酔する心情や報いたいという気持ちを利用することを意味している。ポン中などはクスリのせいで人から相手にされなくなった寂しい気持ちを持っており、それをうまく利用して走らせる。

昔宅見さんが「ワシをとりに来るヤツはポン中位しかおらん」と言っていた。山口組若頭の宅見勝の命を狙いに来るのは常軌を逸した人格の者にしかできないという意味だ。これが油断を生んでいたが、ポン中とヒットマンには近親性がある。

好戦的な組は組織への貢献者に手厚い処遇を施している。弘道会など徹底して受刑者の面倒を見、そのためシャバに居る組員からは厳しく福利厚生費を徴収する。組のためなら安心して懲役に行けることを日ごろから教えており、会費支払いが苦しければ苦しいほど組の懲役が尊いと知る。お金を稼ぐためにシャバで苦しむのと、懲役で自由を奪われて苦しむのとでは後者の対価が高いのである。

組が存続するのも、組長が良い生活ができるのも全て抗争で刑に下ったヒットマンのおかげである。ヤクザ組織にとって抗争に手柄を立てた人間を手厚く遇するのは絶対的義務と言える。

渡辺五代目が誕生して間もなく山口組では抗争に功績を残した者を表彰する制度をとった。

「慶弔審議委員会決議」により、他組織との抗争に参加し服役した者を、本抗争服役者(山口組組織勢力を挙げての抗争による服役者)、準抗争服役者(下部組織だけの抗争で五年以上の服役者)、認定外抗争服役者(他の傘下組織の抗争に参加した服役者)に区分けした。

本抗争時に目覚ましい活躍をして服役し犠牲的献身を示した組員については、刑の確定時に系列上の直系組長から山口組本部に対し、抗争の日時、場所、相手方、抗争内容(射殺等)、直属団体名、組員(放免者)氏名、罪名、服役刑務所、刑期、出所日を記載した「本抗争放免祝請願書」を提出させた。

これを承認した場合は、時には渡辺組長も出席して、本部で金メダル授与や少なからぬ功労金等を交付するなどの放免祝い等を実施した。

また準抗争功労者の放免祝いは、本部慶弔審議委員会に届け出ることにより各ブロック毎にブロック内直系組長を出席させて実施した（なお、認定外抗争の服役者は準功労者扱いとする）。それ以外の放免祝いは傘下組織内においてその判断で行うという指針を示した。

非常に判り易いが、今日ではこんな基準を明瞭《めいりょう》にするなど考えられない。本抗争参加者の中でも顕著な功績のあった事例では、極道歴を考慮して直系組長に昇格させることがあり、これが当該組員や上位直系組長の大きな栄誉というばかりではなく、山口組内での幹部、役職登用等の序列段階を上がる途《みち》を開く可能性もある。

当時の抗争に関する組の方針は「抗争と思ったら上の指示を受けることなく走れ」というものだ。それでいながら抗争の終結については、いかなる段階で終わらせるかを執行部のサジ加減で決めている。

要するに山口組のメンツを汚された時は自分の判断でやれ。イモを引くことなく行く道は行け！　止める時は上の判断で止めるというもので、これが今も昔も山口組の基本的な考えである。そして抗争には山口組全体を挙げてのものと当該直参組織だけのものがある。二次団体の抗争がトップに飛び火して山口組全体の抗争になることもある。

暴対法の二〇〇八年改正で「償揚の禁止」という規定が定められた。抗争での功績者に金品を授与すること、地位の昇格を与えることが禁じられ、家族への生活費支給等も禁止された。しかしこの規定が一〇〇％機能したら組織の息の根を完全に止める。走った人間に報えないようでは組織は存続できない。メンツを守るため、即ち組が持つ恐怖のイメージを保持するため殺傷等の暴力を振るった組員には常に褒賞が与えられなければならないのだ。その恐怖のイメージで皆の生活が成り立っているのだから、そういう戦士を育てるのが親分の仕事でもある。

ヤクザの「やられたら、やり返せ」は絶対的命題であり、挑発されて腰が引けるようでは極道として生きて行けない。今はしのぎが減っているので弱みを見せたらアッという間に縄張りも利権も取られてしまう。分裂前は同じ山口組同士故に、しのぎの奪い合いも出来なかったが、組が割れたら話は別だ。弱いところが食われるのは当然の理《ことわり》だ。

「そっちの組を抜けて、こっちへ来い。さもなくばお前のしのぎはこっちがもらう」

ヤクザは平常時でさえ侵略的傾向があるのに解禁となればちょっかいを出す人間はいく

らでもいる。そして小競り合いが大きな間違いに発展するのもこの世界の常だ。同じ殺《や》るなら相手のトップを狙うという短絡的発想をする人間が必ずいる。まかり間違って六代目側にせよ神戸側にせよ直参が殺された時どう対処するかだが、当該組が復讐《ふくしゅう》するのを見守り、場合により加勢するということになるしかない。

いつまで経っても仇き討ちをしない場合、田岡組長だったら機嫌が悪くなって周りが報復せざるを得なくなるのだが、司組長や井上組長ならどうだろう。私はやらないと思う。一網打尽に刑事責任を問われる危険を考えるとできない。まさにヤクザは絶滅危惧種なのだから、何かやったら山口組が無くなる可能性すらある。

こう考えてくると今回の分裂で血が流れたり懲役に落ちたりするのは将来に展望のないことのように思えてならない。やればやるほど国による弾圧は功を奏する。それでもやるしか無いと思う人が必ずいるのも判るが、私の願いは抗争を避けて棲《す》み分けて欲しいと思う。そして時機が来たら再び合流することも夢ではないと思いたい。

暴対法ができ、暴排条例ができ、今やヤクザは反社会的勢力として「コンプライアンス」の合言葉の元に人権等あったものではない。

マンションは借りることができない、銀行口座は作れない、不動産を買うことも、車を買うことも全て禁止。例えば妻や子の名義で買っても詐欺罪で逮捕されてしまう。宅配運送業者は暴力団員に荷物を届けないし、ゴルフ場でプレーしたら逮捕され、レンタカーを借りても逮捕される。

いくら何でもヤクザに対する法の運用は不公平極まりない。警察はイケイケで無茶苦茶な法解釈をしてもある程度仕方ないが、検察官や裁判所まで調子に乗って法を歪《ゆが》めていたら将来に禍根を残す。

ヤクザの家庭では銀行口座が作れないため子供の授業料引落としができず、暴力団員の子供と判っていじめられ、保育所や、私立学校に子供を入れようとしても断られるということがある。今のコンプライアンスを真に受けていたらヤクザの家庭は社会生活ができない。差別に違いないのだが暴力団だから仕方がないという感じである。

それが嫌なら「暴力団をやめれば良い」となるのだが、やめられる位なら最初から入っていない。実のところヤクザをやめたら、シャブの売人で日銭を稼ぐか、盗《ぬす》っ人《と》専門で食っていく位しか仕事が無い。それほど底辺の人間だからヤクザをやっているのである。

●山一抗争と民事介入暴力

今日ヤクザはどうしてここまで追い詰められたのだろう。私が弁護士の仕事をしながら四〇年間ヤクザ社会を見続けて今ほど悪い時代はない。

私の考えではこうなった原因が二つある。一つは山一抗争で世間を騒がせすぎたその反動、もう一つは民事介入暴力と言われる民事分野のしのぎが肥大化しすぎたことが原因と考えている。

山一抗争から言うが、世間の注目度が高すぎた。竹中四代目ら三人が同時射殺されたニュースは昭和六〇年度の十大ニュースに選ばれている。平和な日本では考えられないほどショッキングな事件で、世間がかたずをのんで山口組の報復を見守った。

日本は先進国の中でも特に平和な国で、権力により国民の日常から暴力の行使がほとんど奪われている。ヤクザだけが暴力を専売特許にして世間を騒がせており、ある意味ヤクザは娯楽として楽しまれている。

日本では恒常的にヤクザのニュースを追う実話誌と呼ばれるメディアが存在し、大組織の組長はほとんど大スターである。世界に見られる犯罪組織ではこんな不可解な現象は有り得ない。日本独特の極めて不思議な文化である。

山一抗争は死者二五人を出し四年を超える大抗争だったが、その間メディアも散々抗争をあおり立て、当事者山口組も調子に乗りすぎた。そして一和会を完全に消滅に追いやったことで、「ヤクザは暴力なり」「勝ってナンボや」という暴力優先の戦勝価値観がはびこり、好戦的傾向がますます強くなった。

私が『悲しきヒットマン』という小説を書き、「行く道は行くしかない」との言葉を世に広めたことも、少なからず志気に影響を与えた。しかも日本がバブル景気に沸いた時代だ。高騰を続ける地価に伴い、不動産の地上げで得た巨額の資金が、強い山口組に流れていた。ヤクザは強ければ強いほど依頼が舞い込み、謝礼は大きくなる。これも組内の戦勝価値観を後押しした。

結果、勢い余って日本各地で山口組の抗争が起きる。一九八九年（平成元年）の「みちのく抗争」や山一抗争で最大の成果をあげていた竹中組への発砲事件、九〇年（平成二年）には直系組長の石間《いしま》春夫《はるお》総長射殺に端を発する「札幌《さっぽろ》戦争」そして「八王子《はちおうじ》戦争」から「山波抗争」へと戦線は拡大していく。平成元年、二年は四年前の山一抗争に次ぐ抗争多発年度で、山口組直参でやる気のある人間が一杯いた。今とは全く違う。そして戦闘を重ねるほど組織も大きくなった。「山波抗争」では一般人が誤射殺される事件も起き、国はもはや放置の限界を超えたとして「暴力団対策法」の制定へと歴史は流れていった。もう一つの理由、民事分野へのしのぎの拡大とは債権取立て、倒産整理、競売妨害、不動産地上げ、公共工事の前さばき、入札談合の仕切り、公共工事への参入強要、企業対象暴力、交通事故示談介入等々民間経済活動へ収入源を広げたことを指す。しかも暴力の威嚇力を背景にしているので自由競争の原理を歪めて適正な価格から離れた結着が付けられる。一般経済社会に暴力の手を突っ込んだことが嫌われる原因になったと思う。

それではヤクザとはどんな人達で、何をしているのか、何故そんな人達が日本に居て、どんな役割があるというのか。この基本的な疑問に答えたいと思う。

まず人は何故ヤクザになるのだろうか。六代目親分の司さんがそうであったように若者がヤクザになる時は憧れて組に入る。だがその背景には家庭事情や差別、貧困の問題が潜んでいる。

例えば家庭が面白くなくてミナミ（大阪の二大繁華街の一つ。キタに比べて庶民的である）に出没するようになり、学校にもついて行けず、夜っぴて繁華街から離れなくなったとすれば自然と地回りのヤクザに気付く。彼らはきびきびしていて飲食店からも敬語で話しかけられ、強そうで頼りになる。まさに街を「仕切っている」と思ってしまう。

ヤクザは見栄《みえ》と張りで世渡りするので、しみったれたり貧相な様子は見せない。シマ内のカタギになめられないよういつもピリッとしている。家出中の子はいつしかヤクザを尊敬し憧れる。ヤクザになりたいと頼めば、組はよほどのことが無い限りとりあえず受け入れる包容力がある。

実例で紹介しよう。

宅見さんは頭脳明晰《めいせき》で高津《こうづ》高校に入学しているが、父を六歳で失い母とも一四歳で死別した。高校へは母の姉の世話で入学したものの伯母《おば》の家庭に気を遣って二年で中退してしまった。知り合いを頼って伯母の家を出ることになるが「糸の切れた凧《たこ》みたいなもんですわ」と本人が言ったように、目標もなく、指導する者もなく自然とヤクザに近づいて行った。大阪市東住吉《すみよし》区にあった土井《どい》組系川北《かわきた》組の組員となったのが極道稼業のスタートである。

また私の作品『悲しきヒットマン』の主人公の実話を紹介する。高木昇《たかぎのぼる》は子供の頃に別れた両親に会うため静岡に向った。しかし六六年、一八歳の時、愛のカケラもなかった両親に絶望し関西に舞い戻っている。神戸の安アパートで薄汚れた布団と残飯のこびりついた食器に埋もれてパチンコに明け暮れていた。

都会には夢があり、繁華街はネオンに溢《あふ》れている。パチンコの喧騒は寂しさを忘れさせた。ホールには行き場のない者、失業者、パチプロ、店の守りをするヤクザの配下からシャブの売人、小額ヤミ金まで出入りしていた。中でもヤクザは優遇され大きな顔をしており、身なりもパリッとしていた。若い女を連れていたり、高級外車に乗っている。高木は畏敬《いけい》の念からよく見かけるヤクザに、ちょこんと頭を下げるようになっていた。

「にいちゃん、どこの者《もん》や」

「いやどこもあらへん。何もしてへんねん」

「そうか、ほんなら飲みに行こか」

それがヤクザになるきっかけだった。声をかけた男の舎弟になり毎日組事務所に顔を出すようになった。嫌がられるでもなく、歓迎される訳でもなく淡白で居心地の良い所だった。やがて作法を覚え、しきたりに従い、しのぎを知っていった。

もう一つ実例を記す。

山口組三次団体若頭の若宮《わかみや》は八六年四〇歳の時、二次団体の直若に直る話が決り、自ら若宮組を起すこととなった。四〇歳は年齢的に遅いがバクチと酒に明け暮れた放蕩生活の故である。

若宮は若い暴走族にリクルートの狙いを定め、街や道路で見かけると声を掛けた。親元に帰ろうとしない子を優先して自宅マンションに住まわせると、瞬く間に一六～一九歳位の男が何人も同居することとなった。３ＤＫの狭いマンションに妻と二人の子供がいる。

妻は極道の嫁として協力的でせっせと彼らの食事を作った。皆は夕方まで寝ていて、「腹、減った」と言いながら起き出す。出て行くと暴走族のたまり場でたむろし、夜中中走って朝帰って来る。若宮はそんな若い子に小言ひとつ言わず顔を見たら小遣いをやった。仕事をする者もおらず昼はほとんど皆が寝ている。

多い時で一三人が転がり込んでいたというから足の踏み場もない。ヤクザは疑似家族である。核になる単位はあくまで小さな家庭が基本になっており、今日でも帰る家のない男が親分の家庭に同居する例がある。ただ通常は事務所の部屋住みの間で起居している。ヤクザになる理由の一つに寂しいから温かさを求めて疑似家族になるという動機がある。

若宮は転がり込んでくる暴走族を自由気ままにさせていた。特に教育することもなく、強いて言えば「仕事はするな。悪いことは何でもしろ。喧嘩は絶対に負けるな」と言う程度だった。

共同生活の金が無くなったら皆が夜中走った時食料品をパクって来るようになった。みるみるジュース、コーラ、カップラーメンの段ボールが台所に山と積まれるようになった。

若い子は喧嘩もよくした。勝った時は良いが負けた時は家中皆で報復に走った。ある時喧嘩相手の背後にケツ持ちのヤクザがいると判ったが、そんな時こそ若宮は「ワシがおる。心配するな。いけ、やれ」とけしかけた。若い子は盗みから始め、恐喝になり、みかじめを上げられるようになっていった。そしていつしか若宮と妻の呼び名が「おっちゃん」「おばちゃん」から「親分」「ネエ」へと変っていった。

●ヤクザになる者たちが置かれた環境

科学警察研究所の調査によれば組員になった人間の生れ育った環境は、親もしくは両親ともにいない欠損家族の出身が四割に及ぶ。子沢山の貧乏人と言うケースが多く七人兄弟と言うのがヤクザの平均兄弟数とのこと。

六代目司組長も七人兄弟の三男である。五代目の渡辺さんは六人兄弟の二男、四代目竹中さんは一三人生れた子供の七番目である。

保護者の職業は、単純労働者、店員、工員及び無職が大半を占め、本人自身の教育歴も非常に浅い。義務教育以下が六五％、中等教育中退者を加えると八割になる。四割が家出を経験しており、犯罪非行歴保有者が六割、しかも二割は暴走族等非行グループに加入していたとの統計である。

組員になる直前の職業は半数以上が無職、他は工員、労働者二割、風俗営業従業員一割、その他となっている。加入時期は少年時代もしくは二〇歳代前半である。ヤクザと接触した場所は遊技場、飲食店、路上等であり、その時の状態は半数以上が無職、家出中である。

金と仕事に困っている時、ヤクザに面倒を見てもらったと言うケースが多い。ヤクザになる環境は少年期に形成されていることが多く親の愛情の欠落、貧困、差別など本人の責任にできないことが多い。私が弁護したケースでも同情を禁じ得ない例があった。

ある罪を犯した男は、子供の頃から、大阪の天満橋《てんまばし》で、兄弟三人だけで生計を立てていた。母親が覚せい剤中毒で懲役刑に服し、父親は精神病に侵されて寝たきり。近所でパンなどを貰《もら》って父親に食べさせる毎日だったという。もちろん、学校など行っていない。中学校どころか小学校にも通っていないのである。聞けば、極貧の上に朝鮮人であったため、近寄る者がなく誰も学校行きを勧めなかったとかで、ほとんど字が読めない。子供の頃、靴も履いたことが無いと言う。

また、こんなケースもあった。情状証人として、ある組員の母親に来てもらったのだが、

その母親が泣きながら言うには、

「なんでこんなんになったんやろ。この子だけが生きがいやったのに。うちはかわいい、かわいいでそだてたのに、なさけない」

が、そばでむすこの組員は黙ってそっぽ向いたままである。

実はこの組員は父親の顔を知らない。母は女手ひとつで必死に頑張ってこの子の成長だけを楽しみに生きてきた。ところが子供にしてみたら学校から帰っても母のいないことが多く、ついうろうろと家に帰らない。そんな子供が、あちらに一人、こちらに一人といて、つい群れるようになったという。小さい時から肉親に愛を受け止めてもらえない寂しさを友達で紛らわす。ヤクザの人にはこういう傾向が特に顕著にみられる。

やがてはぐれた子供ばかりが盗みをしたりしながら、組織に近づく。右の母親も子供と接した時間は短く、不憫《ふびん》と思ったのか過保護に接するため、子供を抑制したり自制したりする訓練を全くといってよいほどしていない。

同様に、組員はいずれも親離れが早い。小さい時からまるっきり親をバカにして全く頼ろうという気がないもの。誰が自分の親か判らないほど、父親（あるいは母親）がかわっているものもいる。

差別の問題も根深い。先に挙げた朝鮮人兄弟のみならず、ヤクザには朝鮮人や同和地区出身者が多いのも事実である。

戦後在日朝鮮人の五〇％が、兵庫、大阪、京都に集中したといわれているが、このことと山口組の発展は決して無関係ではない。三代目田岡組長が神戸のヤミ市で名をあげたのは、在日朝鮮人グループとの抗争からだし、昭和三五年、大阪にあったグレン隊明友会と神戸の山口組が大衝突を繰り返し、遂に大阪を制圧したこと、その後、山口組の全国制覇の先兵となった柳川組が血で血を洗う殺戮《さつりく》を繰り返し、山口組を日本一の組織にしていったことなど、山口組発展史には、どうしても在日朝鮮人を中心としたグループが出てくる。

私もこんな体験をした。ある抗争で殺人の嫌疑をかけられ、控訴中の被告人と話した時だ。意志も強く、物の判った人間で、国籍上のハンデを克服した人物だと思っていたのだが、やはりそう簡単なものではないらしい。

「あなたでもヤクザになった理由に国籍関係ある？」と聞くと、

「そらありますよ、先生。それがほとんどですわ。いや、小さな時はええんですわ。あんまりわからんから。ところがちょっと大きくなって来るともうあかんですね。相手の顔色がサッと変りよるもんね。相手は壁を作ってもの言いますね。それはいやという程感じましたよ。こうなるとダメですね。無理して付き合ってもらわんでええですもんね。ところがヤクザの世界にはそういう差別はあんまりないんですわ。そやけどワシも、いっぺんやけになって、若い衆の前で言うたことあるんですわ。そらワシは朝鮮人やからな、いうて。その時若いやつが、親分、なさけないこといいなはんな。わしら親子やおまへんかと、言うてくれた。ワシうれしかったネ。ジーンとしましたね」と。

何とも返事のしようがない。

またこんな例もある。

「私がヤクザになったのは国籍が無いからですわ。私、どこにも戸籍ないんですわ。親は朝鮮人やから、私もそうなるけど、なんか日本に無理に連れて来られて、戦後のドサクサに私を生んだらしいねんけど、出生の届なんかしてられへんかったいいまんねん。すまんなあいうてくれたけど、ほんま、すまんですみまへんで。私、国籍おまへんがな。どこへ住んだらええんでっか」

元々在日朝鮮人の問題は、戦争中の労働者不足を補うため、朝鮮半島の農民を強制連行し、危険な労働に使役したことに多くを発している。終戦になっても、彼らには財産もなく職業もなかった。その時の貧困が、低い教育程度や悪い家庭環境を生み、ハンデ故にヤクザになった。ヤクザに在日朝鮮人が多い理由である。人間の心の中に潜む差別意識がこうした組織をはぐくんでいるともいえる。

いずれにせよ、この組織は同和地域、朝鮮人差別の問題を抜きにしては語れない。それほど被差別者が多い。

●「愛情に乏しい寂しがり屋が助け合って生活する集まり」

こうした組員の人生の原型は、実は故田岡組長の自伝にも見られる。

「貧しい寒村の貧農の子に生まれ、小さい時母ひとり子ひとりの寂しい家庭であった。薄暗い土間の片隅に、わたし（田岡）の食い散らかした茶碗《ちゃわん》が鉄なべの中にビタビタと水につけたままの状態になっていて、それを凝視しているだけで慄然《りつぜん》とする寂しさがあった。母親に会いに行きたかったが、行けば母親は同じ小作人仲間や地主から、いやみをいわれることは判っていた」

そして母親は、幼少の一雄少年を残して、ことりと死ぬ。死の枕元には既に家を出ていた姉も兄も誰も来なかった。医者も一度来ただけである。誰からも「そこにいたのか」とも言ってもらえないような静寂な死である。

母が死んだ時、裏山へ一人で駆け上り、一雄少年は初めて声をあげて泣いた。「悲しくて、悲しくて、そのときの涙は生涯、忘れられぬ熱さであった」という。

泣き疲れ気の遠くなるような静寂の中、降るセミしぐれにつつまれて、少年はいつまでも立ちつくしていた。

田岡は山口組を「愛情に乏しい寂しがり屋が助け合って生活する集まりや」と言っている。

ヤクザになるのは社会から落ちこぼれた人間である。ヤクザ組織は行き場を失った男達のセーフティネットになっている。少年期に植えられた劣等感は簡単にぬぐえるものではなく、一般社会での出世を諦めた人が、根性だけでのし上れるヤクザになる。また歳をとってヤクザになるのは倒産や離婚を経験して人生に失敗したケースが多い。ヤクザ社会はこういう脱落者の敗者復活戦の場にもなっている。

普通の社会では競争に勝てないハンデある人間がヤクザになって生きて行こうとするのだが、どんな親分もしくは兄貴分に拾われるかによって天と地の差が出てくる。

山口組にしても山口組用の共通試験がある訳ではなく、出会ったヤクザが我欲と利己主義の塊の男だったら僅かの希望も無残につぶされる。ヤクザの中には若衆を奴隷のように思っている人がおり、ひどいのになると保険をかけて、最後は殺して金にしようと企んでいるのが確かにいる。そうでなくてもすぐ指を詰めさせたり、入れ墨を入れさせたがる親分もいる。若衆を社会に通用しない欠陥人間にして、逃げられないようにしているのだ。

　悪いことを散々させて、上がりは一人占めにし、文句を言うとヤキを入れる。愛の無い幼少期を経てヤクザになった人間は、人への思いやりがない。若衆を奴隷にしても心の痛みを感じない。愛情を持って躾《しつ》けられた子は、人をいじめたり苦しめたりできないのでヤクザにはならない。

　自分さえよければ良いと言うヤクザに拾われると、ハンデそのままの底辺で生きた方がよほど良かったと言う羽目になる。体に墨を入れられ、指を無くし、前科を重ねてほうほうの体でヤクザ社会から逃げることになる。身も心もボロボロの人生だ。ヤクザをやめたいと思った時は話し合って脱退するより、ほったらかして逃げる例が大半である。ヤクザ社会の実情は安楽なところでもない。

　だがヤクザになってしまうと特有の収入源があり食っていける。通称しのぎというが覚せい剤、賭博《とばく》、ノミ行為、みかじめ、民事介入暴力等、組織による代紋使用許可の下、それぞれの器量で稼ぐことになっている。

私はこんなヤクザ社会への興味が強くて山口組の顧問弁護士にまでなったものだが、私自身歩んだ道を振り返りながら、さらにヤクザの実態をお話ししたい。

第三章　ヤクザの民事介入暴力と薬物

●月給一六万円の雇われ弁護士

私は七五年、二九歳の時、大阪弁護士会に弁護士登録をして、民事専門の事務所に勤めた。社会人になった厳しさを教えられたのは、民事専門のはずなのに予期もせずヤクザの相手をさせられたことである。ヤクザが民事紛争に介入するのは当時彼らの間ではスマートなしのぎとされていた。

勤めた事務所が損害保険会社の顧問をしており、自動車保険の賠償交渉でヤクザとかかわるようになった。本来保険は不意の難事に備えるものだが、常に不正請求という病理を抱えている。

生命保険では保険金目的の殺人、損害保険でも偽装交通事故や仮病による架空請求等があり、保険病理がヤクザの狙い目である。生命保険金目当ての殺人を犯すヤクザはあまりいないが、交通事故は結構仕事にしていた。

そんな中で何度も交渉相手になった久保《くぼ》さんという五〇がらみのヤクザがいた。山口組三次団体の舎弟の人だったが、当時彼は病院と組んで保険金詐欺をしのぎにしていた。西成の日雇い労働者を被害者に仕立ててわざと追突事故に遭うということもする。追突は一〇〇%後続車の過失とされているので被害者は大きな態度で交渉に臨んでくる。

久保さんは代理人として登場するが、休業損害も月収五〇万円位をデッチ上げ実体は完全な詐欺だが警察は「民事不介入」を表明しており、いくら被害申告してもまず動かない。損保としても詐欺案件は多数あるのでいちいち警察に告訴しない。リサーチ会社から上ってくる報告書を読むといかにも嘘くさいが、交渉で民事的に解決する方針になっており、この姿勢が暴力団の資金源にされていた。

初めの頃久保さんが「ワシこれやねん」と言ってベルトのバックルを指した。意味が判らず「高級そうな牛革ですね」と愛想を言ったら「ちゃうがな、これや」と言う。良く見ると菱形のマークが浮き彫りになっていた。

「はあー」と生返事したが、山口組の代紋とは知らず、何が言いたいのか判らない。「俺は山口組系暴力団なので怖がるように」ということだった。

後年知ることとなったが、実は山菱マークの山口組代紋入りグッズはいっぱいある。灰皿、湯呑《ゆの》み、タオル、食器、カレンダー、記念品等々神戸の本部でも特注しているし、各二次団体でも贈答用として製作している。二次団体の場合は当該団体の組名が入るのだが、もちろん一般には市販されていない。カタギの人でも山口組代紋入りグッズの存在を知っている人は欲しがる。脅し用品として講釈巧みに使うと効果がある。

久保さんは見え透いた過大請求をし、態度も横柄極まりなかった。月々払う休業損害の仮払いが少しでも遅れると弁護士を飛び越えて、損害保険会社の担当者に恫喝《どうかつ》を入れる。それでもラチがあかない時は加害者を脅す。その度にこちらから緊急連絡し、やめてくれと言った。彼は不機嫌だ。

「今月の給料入っとらんやないか」

「もう治ってるでしょう。大体ぶつかった言うても、お宅の車、ほとんど傷、無いやないですか」

「お前、弁護士かなんか知らんけど、仮病や言うとんか。お前言葉遣い気ィつけよ。仮病いう証拠どこにあるんじゃ」

私は当時月給一六万円の雇われ弁護士だが、とてもやってられないと思った。相手はどう見てもこちらが払った保険金の半分以上は懐に入れている。久保さんとは後に仲良くなり打ち明け話を聞いたところ、組んでいた病院もひどい病院で、院長先生は仕事場に出てきておらず、看護師と患者が勝手に診療をしている有様だった。

●ヤクザと知り合っていくキッカケ

私は弁護士になった途端、保険病理における詐欺と恐喝の巣窟《そうくつ》に放り出されたが、これが最高の勉強になった。世の中には知らないことが多過ぎた。暴力団、右翼、同和は恐喝の小道具として有用であること、請求額は嘘八百、目一杯てんこ盛りにして無茶苦茶な過大請求をすること、警察は全く頼りにならないこと。対応するこちらの心構えとして示談屋の請求を抑えるには理屈ではなく、気迫であること。

要するに喧嘩腰が一番良いのだが、相手を怒らせると夜道で刺されかねない恐怖が常につきまとう。いずれも司法試験受験時代の教科書に載っていないことばかりで、何故世の中に詐欺、恐喝を仕事にする人が居るのか理解できなかった。だがそれがヤクザのしのぎだった。普通の社会で普通に育った人には理解を超える価値観だ。だがそういうところにヤクザの生きる道がある。

毎日のように相手にしていると同和より暴力団の方が格が上のように思え、右翼は暴力団の隠れ蓑《みの》のように思えた。ある時同和に恐喝されていた人が、ヤクザを雇ったことがあり、ヤクザが同和を脅し上げる現場に立ち合った。ヤクザは相手が警察に泣きつかないと判っているから脅し文句も強烈である。何回「殺したろか」と言ったことか。弁護士の私が居なかったら本当にけん銃を口に突っ込んでノドチンコを痛めつけただろう。同和はけん銃を持ち出したりはしないし、同和を名乗る事件屋の動員力は知れており、集めても数人だ。ヤクザはその気になれば二〇人でも三〇人でも集められる。人数が多ければ脅しは迫力が増す。

ただ妙なもので同和はヤクザに弱いが警察に強く、ヤクザは反対に警察には弱いが、同和に強い。そんな力関係になっていた。

私は交通事故の示談交渉から弁護士の職務を始めたものの、見え透いた嘘とあまりに無茶な請求には、正義感から妥協できなかった。勇気を出して渡り合い、不正請求をフリーパスさせなかった。

そんな私の姿勢に相手のヤクザも「腰のある奴」と見てくれて、自分が捕まった時、刑事弁護人を依頼するようになり、それがヤクザと知り合っていくきっかけになった。

初めての刑事弁護は久保さんが傷害で逮捕された時だ。面会に行くと配下の者や組への伝言を頻繁に託される。しのぎがらみでの傷害事件らしく「自分の罪は構わないので、怪我した相手には謝るな。目一杯押し込んで大きな金を挙げてくれ」とのことだ。

刑事事件の成り行きについては新米の私よりはるかに知っており、被害弁償をすれば罰金で済むが、その気はないので起訴されるとのことだ。傷害を否認している訳ではないので保釈は効く。判決で執行猶予がつくだろうが、弁当を持つと（執行猶予期間中）窮屈になる（次にパクられたら加算された刑での実刑が確実なので無理ができない）と教えてくれた。

刑事事件は頻繁に面会に行って小回りの利く弁護士が良い。私の仕事の姿勢は捕まっている人の気持ちを最優先して言うとおりにしてあげることだった。その人が悪いとか良いとかの評価は一切しない。そんな気持ちでやっていると口コミで依頼が増え始めた。

二年間イソ弁（勤務弁護士）をして独立したが依頼者は順調に増え、収入が足りなくて困ったと言う経験は一度もない。経営上は順風満帆だった。

●競売屋、交通事故の示談屋

裁判所で競売屋をやっていた中島さんとも親しくなった。山口組系二次団体の舎弟だ。当時は競売屋が裁判所の競売室に毎日たむろし、一般人の入札を妨害していた。彼らは倒産者の不動産を占有して自分達の入札を有利にすると共に、一般人の入札参加を妨害するのが仕事だ。競売屋が占拠する不動産は自由競争から外れ非常に安く落札される。しかし物件は市場価格で転売されるので、その利ザヤを競売屋が利益とする。やはり暴力団の資金源である。

競売屋と同類の占有屋は倒産物件に賃借権の登記をして会社ビルに乗り込んでくる。ある事件で私は占有屋に「物件から立ち退いてくれ」と言いに行く仕事をした。それが中島さんと知り合うきっかけだった。

天神橋《てんじんばし》二丁目にあったビルに行ってみると会社はまるでヤクザの事務所に早替りだ。うっとうしいのがゴロゴロたむろして、見るからに暴力団だ。足がすくんだ。

弁護士のプライドにかけて胸を張って玄関を入ろうとした。

「コラ！　おい！　どこ行くね」

「弁護士です」

「弁護士が何の用じゃ」

「あなたたち、不法占拠です。警察に言いますよ」

「ナニねむたいこと言うとんね。いちいち断らんでええ。言いたかったら言え。ほら帰れ。上から物、落ちてくるぞ、怪我するぞ」

「責任者は、どなたですか」

「知るけー！　コラ入るな。今、中でポン中が暴れとんね。お前刺されるぞ。知らんぞ」

ビルでたむろする組員は中島さんから「誰が来ても蹴散《けち》らせ」と言われている。暴力団だらけのビル等誰も落札しないので、期日が流れる度に最低競売価が下るのである。そして充分価格が安くなった時競売屋が落札する。そういうことが当り前のように裁判所業務の中で行われていた。倒産の無秩序が生む社会病理だ。中島さんなど執行官とも親しかったので動産の買取り屋もしていた。

借金を重ねた人が家財道具を差し押さえられると競売期日が通知される。期日に再び執行官が家に来て、その場でテレビや冷蔵庫を売る手続きをする。誰が買うかというと、道具の買取り屋が執行官と一緒に来て、その場で金を払って買う。

買取り屋は競落したと言っても道具を持って帰って売るのではない。入札手続の後、執行官が帰ってから債務者に売るのである。

「ワシの日当だけ載せてくれ。日当五万円や」

つまり一五万円で債務者の家財道具を買い取ったとして二〇万円で売りつけるのだが、債務者は新しく買うと大変なお金が要るので意外と簡単に買い戻す。テレビや冷蔵庫は一度も移動せず動産の競売は完了する。

ただ交通事故の示談屋も競売屋もヤクザの若い子にできる仕事ではない。世の中の仕組みが判り、口が達者になって度胸が据わった中堅の仕事である。中島さんはビルを占拠する役割の若い組員によく言っていた。

「無茶せえ。お前ら因縁をつけて暴力振るうのが修業の第一歩や。出刃包丁でも日本刀でも振り回せ、それ位できるやろ」

交渉をするのは高等技術で、相当の知識と貫禄《かんろく》が要る。ヤクザになる人間は元々勉強などまともにしていないので交通事故にせよ不動産売買にせよ判らなくて普通だ。そんな難しい分野をしのぎにしているのは経験豊富な組員に違いない。

若い子などカタギを威嚇するのが精一杯だが、中島さんは若い組員が警察に捕まるのを大いに良いこととしていた。サツにパクられ、懲役でクサいメシを食いながら勉強して一人前になると考えていた。

ヤクザになれば懲役は当り前、犯罪を犯すのは当然のことで、懲役を恐れてヤクザにはなれない。ヤクザになるということは一般社会と訣別して悪いことでも何でもするということだ。その発想の転換が落ちこぼれに人生の活路を与える。だから友人や家族が離れて行っても仕方がない。懲役は金儲けなど個人的な懲役と、抗争など組のための懲役があるが、組の懲役は受刑中生活の面倒を組が見てくれる。金儲けの懲役は儲け主の兄貴分らが面倒を見る。酒で気が大きくなりカタギに怪我をさせた懲役などは誰も面倒を見ない。

面倒を見てもらえない懲役から、褒め称《たた》えられる懲役まで懲役には値打ちの差が歴然と存在する。抗争で入った懲役は周りの見る目も違う。なお交通事故の示談屋も競売屋も法律が厳しくなって今では無くなった。

●ベラミ事件

私が独立して一年が経ち、刑事事件に少し慣れ出した頃、七八年七月一一日山口組三代目田岡一雄組長が京都のクラブベラミで撃たれた。大阪戦争がとんでもない所へ飛び火して拡大したのだ。

大阪の地下街は夕刊紙の見出しが壁新聞として躍ることで有名だが、連日夕刊紙の一面が貼り出され、壁の周りに人垣が出来る。さあ、かの大親分田岡さんが撃たれたとあって山口組は何が何でも報復せねばならぬ。撃った男は何処の誰か、犯人を捕まえるのは警察が早いか、山口組が先か。

さあ殺れ、それ行けと、それはそれはヤクザメディアがかまびすしい。サラリーマンの娯楽に違いないが、私は山口組関係者と面識が出来ていたので他人事とは言えなくなっていた。そして犯人が鳴海清《なるみきよし》と判明し、その鳴海本人が署名入りで大阪新聞に挑戦状を送りつけた。

「田岡まだお前は己れの非に気付かないのか。もう少し頭の涼しい男と思っていたが見損なったようだ。…長期に亘り世間様に迷惑をかけ、尊い人の命を犠牲にし…真の親分は恥を知る。知らぬは所詮クスボリの成り上がりでしかない…必ず思い知らされる時が来るぞ。

大日本正義団、鳴海清」

挑戦状を受けて松田《まつだ》組への一斉報復が始まったが、翌七九年、私は報復殺人の弁護人を頼まれるまでになっていた。盛力《せいりき》会会長盛力健児《けんじ》（二〇一三年『鎮魂』を出版し話題になる）こと平川茂《ひらかわしげる》さんの弁護人である。

盛力会のケースは一九七八年八月公衆浴場の玄関口で松田組系の朝見《あさみ》という組員を二人の盛力会組員が射殺した事件だが、二人の実行犯のみならず、五名の共謀者が逮捕され主謀者として会長の平川まで逮捕された。この時代の警察捜査は非常に強行で、暴力的だった。警察の狙う本丸は山本健一《やまもとけんいち》だ。平川は責められる。

「お前ええかげんにせんかい、えー、ヤマケンが行け言うたんやろが、そんなことはこっちが判っとるんじゃ」

さらに取調官は、

「ヤマケン病院から引きずり出して、腹でも蹴り上げてキャンキャン鳴かしたろか」

とまで言った。ベラミ事件後の大阪戦争を指揮した山本健一若頭は肝硬変が悪化してずっと入院中だった。

刑事は朝から晩までヤマケン、ヤマケンと怒鳴り散らす。メガホンを持ち出して平川の耳につきつけて喚《わめ》くのである。そうかと思えばこんなことも言った。

「殺した朝見の子供まだ小さいんや。子供が言うとったぞ。『撃つねやったらお父ちゃんの足を撃って欲しかった。足やったら死なんでええ』。可哀想に子供は子供なりにヤクザの親は撃たれてもしゃあないと思とんね。足で辛抱して欲しい言うてな。罪やで。ヤマケンのうのうと病院で寝てるのおかしいやろ」

平川は次第に意識がもうろうとして、ある日調書を巻かれそうになった。

「ええか調書巻くから聞いとけよ。えー『私は親分の病院にずっと看病のためついておりました。親分の顔色はすぐれず、ベラミの報復のことを悩んでおられるようでした。私はたまりかねて親分に、行かせて下さいと言いました。そしたら親分はジッと私の顔を見て頼むと言っているようでした……』」

平川はおぼろげな頭の中で、言った覚えはないと思ったと言う。ただこのままでは意識のはっきりしないまま指印を押させれてしまう。

平川は遂に意を決して舌を思いきり口から突き出して、両手で下顎《したあご》を支え、支えた腕の肘《ひじ》を机に打ち付けた。

「コラー、お前、何さらしとんじゃ」

三人の係官が平川に飛びかかり、平川は椅子から転げ落ちた。平川は頭の中で「死んだるわい。男になったるわい」と叫んでいた。舌を嚙《か》み切ったのである。

「判った。判った。親分、よお判った。冷静になってくれ」

平川が急遽《きゆうきよ》病院に収容されたので、私は警察の違法取調べを証明するために被疑者の身体検証を裁判所に申し立てた。この事件では平川さんから言葉で説明された訳ではないが、山健の親分を守るためにはどんなことでもしなければならないのが務めだと教えられた。報復の手柄は刑事責任を引き受けてこその勲章であり、親を懲役に引きずり込んだ場合は大失敗の裏切り者ということになり、絶縁処分が下される。結局平川さんは共謀者の中で一番重い懲役一六年の刑をうたれた。

ベラミ事件の報復戦では健心《けんしん》会初代会長杉秀夫《すぎひでお》こと金珣基《キンジユンキ》さんの弁護人にもなっている。

山健組では渡辺芳則率いる健竜会《けんりゅう》、盛力健児の盛力会、そして杉秀夫の健心会が山健三羽《さんば》烏《がらす》と呼ばれ事件直後から一番槍《やり》を競い合った。

盛力会に続き健竜会は七八年九月和歌山で松田組系西口《にしぐち》組組員二人を射殺し、五人が検挙された。この事件では井上邦雄（現神戸山口組組長）が犯行の最終責任を被《かぶ》り懲役一七年の刑に服した。井上さんは立派に渡辺芳則組長を守ったのである。

●違法行為を繰り返す警察の取調べ

同じく同年九月やはり和歌山で松田組系福田《ふくだ》組相談役が宅見組組員に射殺されたが、後年この殺人事件の弁護を私が引き受けている。実行犯や見届役の弁護のみならず宅見勝組長その人の弁護人となったことが、その後私の人生を大きく変えた。

山健三羽烏のもう一人、健心会の事件は七八年一〇月四日だが、杉会長が逮捕されたのは五年後だった。結局私は盛力会、健心会、宅見組とベラミ事件の主要な報復殺人の弁護人をしている。何が気に入られたのか判らないが予想外の人生展開であることは間違いない。

ただ当時警察の取調べはひどいもので私としては職業抜きに純粋に許せなかった。「俺は四課の特攻隊や」と公言し被疑者に暴力を振るうことだけを仕事にしていた奴がいた。

「よっしゃ、今日も一丁いくか」と言うなり、取調室の机、椅子を奥に寄せ、鉢巻きを締めて腕まくりをして被疑者を床に座らせる。上半身を折り曲げて前かがみの姿勢を取らせると、特攻隊と自称する刑事が被疑者の頭に座り込むのだ。時には被疑者をエビ固めにしてその上に座る。一時間でも二時間でもやっているから被疑者は息ができない。

特攻隊はとにかく調べをしない。顔や体に傷がつかないよう、殴ったり蹴ったりはしない。大汗をかきながらひたすら被疑者を曲げたり畳んだりしていた。

そうかと思うと「運動の時間や」と言って道場に連れて行き柔道の型を教える刑事がいた。教えるというのは名目で、実際は「締め落し」という技で被疑者を気絶させるのを得意とする奴だ。被疑者の正面から腕をクロスして頸部《けいぶ》の着衣を摑《つか》み、そのまま締めて頸動脈の血流を止め気を失わせる。背後から腕を首に回して気絶させる場合もある。二、三回も気絶させられたら完全にギブアップして被疑者は何でも吐く。

挨拶《あいさつ》の仕方を教えると言っては、何度も名前を大声で呼んで返事の練習をさせたり、「府警の四課なめとんのか」「泣く子も黙る四課を知らんのか」「四課のやり方教えたろかい」等々、「こいつらアホか」と思わざるを得ないことがしばしばあった。

今はそういうことをしないし取調べは随分優しくなったが、その代り自供が得にくく証拠は薄くなっている。にもかかわらず片っ端から有罪にされる。そんな時代になった。「ヤクザの行動原理」よろしく余談や偏見がそのまま採用されている。

私は警察の違法行為があると詳しくメモにとり、時には検事に直訴し、時には状況を詳しく書いて裁判所に、「拘置所への移送申立」をした。検察庁や裁判所に訴えると刑事の暴行はやんだ。

ある時変態的イジメを特技とする府警四課のSKという刑事が、新しい技を山口組直参組長の取調べで披露した。何とパンツをずり下ろして男性器を刺激するのだ。

「どや、気持ちよおしたろ。どや」

たまりかねて被疑者が私に訴える。

「先生、あいつ、ワシのチンポ握りにきまんね。変態でっせあれ。何とかして下さい」

さすがに私も当の本人のSKに言った。

「あんた、何ぼ何でも、チンポしごくのは警察官の仕事とちゃうで」

SKは「エヘヘ、エヘヘ」と笑っていた。

大阪弁護士会に西畑《にしはた》先生と言って暴力団の顧問と噂されている先生がいた。私などどんな怖い先生かと遠くから眺めていたが、西畑先生は警察の暴力的取調べがあると四課に怒鳴り込んで行った。

「ワシの依頼者に手ェかける奴は許さんぞ。○○出てこい。警察官が暴力振るうとはどういうことや、俺が相手になったる」

先生は随分ヤクザに人気があって依頼者の大半がヤクザだったと記憶する。私に依頼が増えたのは警察の違法取調べに盾ついたからかも知れない。でも刑事事件が徐々に増えたと言っても八一年頃まではやはり民暴の仕事が多かった。

●倒産整理屋の手口

倒産整理屋というしのぎがある。大阪には名をはせた倒産整理屋がいて、その手際の良さは見事だった。倒産整理は知能暴力の最高傑作であり民事介入暴力の金字塔だろう。法の欠陥を一足飛びにクリアして紛争を短時間で収束させる。似た機能を持つしのぎとして地上げがある。地上げも法的手段を踏めば何年かかるか判らないような再開発を暴力の威力でアッという間に為し遂げる。

法的手段の面倒さを暴力が封じ込めるもので、民主社会では禁じ手だ。しかし需要があると言えばいくらでもある。そんな便利なやり方がOKなら、無限大に需要がある。地上げは隠れた発注元が大手企業であるケースも見られ、しかも利益が大きい。解決が公平でないというだけだ。

野球賭博で賭《か》け金の一割の寺銭を稼ぐのに四苦八苦して愛嬌《あいきょう》を振りまくより、一発こわもてで、大型倒産を仕切るか、都心一等地の地上げでも成功させる方がはるかに効率が良い。しかもこれらは明確な犯罪と言えない面が多く、刑事事件化しにくい。社会システムの病理に根ざす必要悪だ。警察は民事不介入で手を付けたがらない分野だった。

例えば弁護士が破産事件を受けた場合、事情を聞いたり資料を揃えるのに時間がかかる。破産申立までに三ヶ月位すぐ経ってしまうのだが、その間現場は大きく動く。火事場泥棒同然に債権者が勝手に製品を持って帰ったり、会社不動産が暴力金融に占拠されたり、債務者が脅されて逃げ回ったりと、デスクワークでは対処できない問題が起る。面倒がって手を抜くと依頼者本人が整理屋の手に落ちてしまうのである。

「先生、すみません、あの、お願いしてた破産申立、もう結構です。整理してくれる人がいらっしゃって、あとはその方に任せます。どうもありがとうございました」

倒産整理屋を知ったのはそんな電話だった。どんな人がやってくれるのか名前を聞いて調べたところ非常に有名な整理屋だ。手口は債務者を抱き込んで架空債権をデッチ上げ、一番大口の金融債権者に成りすまして、他の債権者を蹴散らすというやり方だ。

債権者集会を開くこともあり、その際はサクラの債権者を集会に潜入させ「皆んな、大口債権者の山下商事さんに任そうや。ちゃんと資産回収して、平等に配当してくれるそうやないか」と言わせる。

倒産は、裁判所による厳格な破産手続きであろうと、法的手段をとらない任意整理であろうと、要は債権者の債権を踏み倒す作用である。破産者の財産を集めて、公平に債権者間に分配するか、「配当は一銭もない」と勝手に宣言して踏み倒すか、いずれにせよ債権者が諦めた時に紛争は終結する。諦めさせるのに使う暴力の威嚇力は想像以上に効果がある。

「債権者集会に行ったら暴力団がしきっとって、何か言おうとしたら睨《にら》みつけられた」

そんな雰囲気を演出すれば一回の債権者集会でケリがつく、仮に二回目を開いてもまともな事業者は暴力団の債権者集会には出て来ない。勉強料として諦め、損金で落とす。

破産者が弁護士より整理屋を頼るのは整理屋は身を守ってくれ、生活費をくれ、しかも解決が早いからである。

倒産会社の在庫製品や売掛金は整理屋が回収し金に換える。不動産は占有して競売の落札者から立ち退き料をせしめる。大型倒産となると集める会社資産も巨額になる。他の債権者を泣かせて整理屋が独り占めにし、暴力団の資金源となる。利益が莫大なので生活費位いくらでも破産者に出してやれる。破産者は実印も権利証も手形用紙も会社印も何もかも整理屋に任せて頼り切ってしまうので、整理屋は本人の代理人としてやりたい放題だ。

弁護士が自己破産申立をする場合、最終的には依頼者である破産者の「免責決定」をもらうことを目的にしている。免責決定とは裁判所が「借金を返済しなくてもよろしい」というお墨付きをくれる決定のことで、決定が出れば破産者は晴れて債権者から追われなくなる。破産者にとっては便利な制度だが、免責決定は簡単にはもらえない。

申立時、審査に通る書類を丁寧に揃える必要があり、破産者に偽装破産が無いか、債務超過の原因が浪費だったりしないか、破産申立に嘘が無いか等かなり厳格な目で見て行く。当り前だが整理屋と違い、申立代理人は嘘をデッチ上げたりできない。法的破産手続きは非常に窮屈なもので、破産相談案件のうち三割位は申立不適格なケースになる。

ところが私的整理としての倒産整理は嘘八百のデッチ上げ満載、見え見えの架空債権で他の債権者を泣かせる。極めて弾力的で融通が利くが一般債権者が文句を言えないのは、ひとえに暴力の影に怯《おび》えるからである。

整理屋に盾ついて債権者が文句を言ったり、債権者破産を申立てたりすると現実に暴力に見舞われることがある。ヤクザがしのぎでカタギを傷つけるのはよほどの場合で、走らされる組員には一番嫌な仕事になる。まさに暴力団とはこのことを意味しており弁解の余地なき悪事だ。刺しに行く人間も悪事だと充分判っている。

ヤクザには「絵を画く」という言葉がある。虚構の事実を作り上げることで、つまり嘘をつくということだ。破産など破産者が整理屋の言いなりだから、架空の手形債務を作るのはいとも簡単。整理屋は五億でも一〇億でも好きなだけの巨額債権者になれる。知能暴力（民事介入暴力）のしのぎにおいて暴力団から暴力をとったらただの詐欺師である。

弁護士は便利さ、早さ、親切さで整理屋に勝てない。破産者に「法は守りましょう」と言ったところで、逃げたい一心の人間が聞くこともない。倒産整理屋は知能暴力の頂点にある仕事だ。だが整理屋も今はいなくなった。

ところで整理屋の世話になった破産者はどうなるかと言うとヤクザになる。そんな人がいる。借金まみれで逃げ回り、ヤクザに防禦《ぼうぎょ》してもらった恩でヤクザになるケースはよくある。ヤクザ社会は失敗した人生の敗者復活戦になっている。カタギ時代に破産を経験したヤクザはいっぱいいる。見方を変えれば人生に失敗してても暴力団に入れてもらえる道があると言うことだ。カタギ社会のように安楽ではないが悪いことをしながらでも生きてはいける。

見た目や喋《しゃべ》り方がカタギにしか見えない倒産者でも、使い道がある。不動産取引の交渉役にしたり、マンションを借りる申込人にしたり、交通事故の被害者にしたてたり、詐欺の手先としてしのぎの道は何とかなる。簡単にパクられないよう、うまく立ち回れば良い生活も可能だ。

●日本の暴力団と世界の組織犯罪集団

私は民事専門の法律事務所に就職して結局知能暴力と対決していた。そして知能暴力こそ日本のヤクザの大きい特徴で、ヤクザが公然と存在している事実と強い関連性を持っている。

一般の人にとって日本にヤクザがいることが当り前として受け止められており、その人達が民事に絡んで金儲けをしているのも違和感が無い。地下結社の秘密組織の場合は純粋に違法な仕事をしており、民事に首を突っ込んで結社が表社会に姿を見せることは少ない。

知能暴力の浸透こそ、日本ヤクザの特徴であり、それが今日ヤクザが世間から排除されている大きな原因でもある。

世界には組織犯罪集団と呼ばれる犯罪多発型のグループがある。その中でアル・カーイダや「イスラム国」あるいはＫＫＫ等何らかの政治的傾向を持ったグループと、メキシコ・麻薬カルテル、イタリア・カモッラ、米国・ラ・コーサノストラ、中国、香港・三合会、ロシアンマフィア等政治的傾向のない組織犯罪とがあり、後者は言い換えれば世界の暴力団と言ってもよい。これら政治的傾向を持たない組織犯罪存立の目的は結局集団構成員の生活である。

世界中の集団の中で、結束が最も強く最大の組織犯罪集団が山口組であり、日本では公然たる団体として存続している。

他国の場合はマフィアというだけで人が眉《まゆ》をひそめるほど忌み嫌われており公然性などない。しかも国による弾圧がきつく、地下結社化せざるを得ない。そうなると必然的に収入源は麻薬のウエイトが高くなる。組織が潜在化すればするほど、しのぎは薬物中心になって行く。

潜在化した組織は組織同士が密な交際をするための義理掛けというものが無い。義理掛けは日本の暴力団特有のもので組運営の最大の懸案事項である。ちなみに賭博や売春はどの国でも組織犯罪の典型的な仕事であり、組織発生の原点にある収入源だ。

他国の暴力団には身代金目的の誘拐や人身売買、武器密売といった日本のヤクザがあまり扱わないしのぎが見られるが、逆に他国暴力団は詐欺、恐喝の比率が低い。つまり知能暴力は低調である。いずれも公然性が関係している。

日本でも覚せい剤、賭博、ノミ行為、みかじめ料等がヤクザの基本的しのぎではあるが、ヤクザも上位クラスになると知能暴力による収入が増える。薬物、賭博、売春のようにはっきりとした犯罪と違い、知能暴力は刑事事件化するのが難しい。

知能暴力は民事介入暴力とも呼ばれるが、私がそこから入ったように弁護士にとっても大きな営業分野になっていて、いわゆる民暴に強い弁護士として企業に売り込まれる。山口組顧問弁護士の私とまさに対極にいる弁護士さん達で正義の味方だ。対極と言ってもこっちの側にいるのは日本で私一人だけだが、実のところ民暴に一番強いと言えば私より強い弁護士はいない。変な話だが。

宮崎乾朗《みやざきけんろう》先生と言って私と同じ大阪弁護士会所属の有名な民暴の先生がいらっしゃった。八五年に起った浜松《はままつ》の山口組系一力《いちりき》一家事務所立ち退き騒動で住民側に立ってメディアに良く出た先生だ。暴力団に敢然と立ち向かう正義のヒーローだけれど、私から見れば力み過ぎ、ちょっとしんどいと思った。

私は一力一家の代理人で、現地住民から悪の象徴のように見られたけれど、肩の力は抜けていた。民暴の先生は暴力団を相手にするとは言え、弁護士までいかつく恰好をつける必要はない。宮崎先生は大阪府警に身辺警護を要請してらっしゃったが、当時の状況でヤクザ側が宮崎先生を刺しに行く可能性はなかった。

ちなみに過去のことを言えばジャーナリストの溝口敦さんが刺された時はかなりの確率で事件が起る前兆があった。

ヤクザに強い弁護士、ミンボーが弁護士業界の売り物になるなんて私には妙な感じだ。映画「ミンボーの女」はヤクザを極めて低次元の人種に描き、ほとんど小バカにしていたので、腹を立てた後藤組の人間が伊丹十三《いたみじゅうぞう》監督の顔を切った。弁護士さんがミンボーを表看板にしても、やはりヤクザは怖いのが普通である。

●ヤクザと正業

ヤクザも本来のしのぎのうち麻薬、賭博、ノミ行為等に特化していれば今日ほど社会から嫌われることはなかっただろう。それら犯罪は利用者側にも問題があり一部の人が食い物になっても仕方ない面がある。

ヤクザが民間の民事問題に利権を広げたのは私の見るところでは昭和三〇年代（五五年以降）に大きく開拓されたと考えている。菅谷政雄が発祥だと思っている。「民事介入暴力」という用語は七九年に警察庁が、暴力団の資金源活動のうち特定の態様のものについて使い始めた実務上の言葉である。

ヤクザは社会からドロップアウトした人間が寄り集まっている団体だが、集団には集団が食っていけるそれなりの収入源がある。普通の人がやらない仕事であり、やらない理由は法律で禁止された違法なことだからやらない、汚くて忌み嫌われる仕事だからやらない、人を騙《だま》す仕事だからやらない、弱い者いじめになるからやらない、危険すぎてできない等がある。

世界中共通して見られるのは賭博であり、どの国でも違法だからカタギはやらない。しかし確たる需要があるので暴力団がやっている。日本では江戸後期から明治にかけて顕著な博徒集団が形成され、バクチが集団の収入源に間違いなかった。国定忠次《くにさだちゅうじ》、大前田英五郎《おおまえだえいごろう》、新門辰五郎《しんもんたつごろう》、清水次郎長等はデフォルメされて今日でも若者に名が知られる。

博徒社会では三下としてのハリ番からゲソ番、中番さらに代貸へと順位が上り、遂には貸元となり総長に上りつめる序列があって、職業としての確立性が見られる。もし賭博の開催権が組織に解放されるならばヤクザも博徒としてつましく生きもする。

しかし民間の賭博は権力によって禁じられ国や地方公共団体が賭博開催権を独占している。ヤクザが博打以外に食う道を見つけて試行錯誤するのは自然の道理である。山口組三代目田岡親分の自伝にはこう記されている。

四六年三代目襲名に際し親分は三つの誓いを立てた。組員に正業を持たせること、組運営の基本を信賞必罰に置くこと、自らを厳しく律することである。

正業を持たせようとしたのは「極道が博打だけで生活を建てて行く考えはもう古い。博打の為に女房子供を泣かせるとあっては極道の風上にもおけぬ愚か者だ。日本が新しく生まれ変わったと同時に、極道も生き方を変えるべきだ。皆に正業を与えてやることこそ、私の第一の使命である」との思いからだった。

ヤクザが正業を営み正業で生活が成り立つなら、それこそ夢のような理想郷である。だが現実はおよそ有り得ず、強盗、窃盗をしのぎにしないだけ優良、保険金殺人、身代金目的誘拐、人身売買を避けているのは良識がある、と言った感じだ。薬物を収入源にするなとの思いは本音ではあるが、現実はそうもいかない。

正業で世渡りできる人間ならヤクザにならない。親が無く、学歴が無く、金も無く、頼れる親戚、友人が無いからヤクザになるのであって、無い無い尽しの人間に正業の道も無い。永年ヤクザをやったら仮にやめたとしても既に根性は歪んでしまって、人に使われるようなタマではない。

気に入らなければ反抗するし、失敗をしても開き直るし、使う側が油断すると脅し上げて因縁をつけて金をゆするような思考方法になっている。一度「開き直る生き方」を覚えると簡単には真人間に戻れない。

感情も過多で一般社会では協調できない。ヤクザ的人格、思考方法は要するに社会的不適合なのである。そう簡単には不適合が適合には変らない。それが本人の責任というより生育環境などの外因に多くの要因があるところに難しさがある。

正業を持てないもう一方の理由だが、今日ヤクザは公共工事等あらゆる仕事から締め出されている。ヤクザの経営と判ると警察がつぶしに来る。

ヤクザになじむ正業としては土木、建築、人材派遣、産廃事業、芸能興行、スポーツ興行、クラブ、飲み屋、食べ物商売などがあるが、いずれも業界内で締め出されるばかりか警察が露骨に営業妨害をする。正業をしているヤクザの取引先に「暴力団と付き合うな」と警告するのである。

私の経験した例で言えば右翼をやっていたヤクザが公務執行妨害罪で逮捕された。男は事件を否認し、警察の言いなりにならなかったところ、愛人のスナックにまで所轄の刑事が嫌がらせに行った。店の前で用もないのに張り込みし、店に出入する客に「この店はヤクザの店やから利用しないように」と忠告したのである。客がママに苦情を言うので、伝え聞いたヤクザはさすがに参った。

田岡親分でさえ、六五年警察庁による第一次頂上作戦の時、港湾荷役や芸能興行の正業から一切身を引いた。警察に営業妨害されたら正業はひとたまりもない。何時つぶされるか判らない正業に資本等、とてもかけられない。

正業で生きて行けるならヤクザをやる意味が無い。まともな経済社会から八方塞《ふさが》りになっているからこそヤクザをやるのである。

ヤクザが出来る正業として露天商があるが、最近は露天商にも圧力がかかっている。警察は暴力団の息がかかった店を出店させないよう主催者側に指導している。テキ屋は博徒と並びヤクザの職業を二分した商売だ。現場で店を出している屋台は小資本の小商人だがヤクザの傘下に入ることができなくなった。苦肉の策として親分の方がヤクザから足を洗ってカタギとして露天商を束ねている。

正業が出来ないだけではない。違法業種である売春事業の経営でさえヤクザは締め出されている。大阪には三ヶ所の遊郭があり、多くの女性が働いているが、経営者である店主達は組合を作り、ヤクザの経営を絶対入れないようにしている。ヤクザの経営店と判ると警察に密告してその店を売春防止法で挙げてもらうのだ。

ヤクザを売春業務に参入させずカタギの商店主が厳重に秩序を守り自主運営して、お上に迷惑をかけないという暗黙の約束の元で営業が黙認されている。秩序正しく運営されるなら売春は社会に必要なものとして目こぼしするということだ。ヤクザが売春業をやる時はモグリでやるしかない。

ヤクザの収入源で一番大きい仕事が覚せい剤だ。私も覚せい剤事件は散々扱った。民暴と比べながら少し覚せい剤の話をしたい。山口組が覚せい剤を禁止しているのは覚せい剤の弊害を身を以て知っているからだ。「シャブは絶対にいかん」と本気で思っている。ただ現実は理想通りにもいかないが。

それなら「何がいいのでしょうか」と、もし問われたら多分「勉強して、頭を使って民事介入暴力でスマートにしのぎなさい」という答えが返って来るだろう。一般民間社会に暴力の手を突っ込む収入源なので「カタギに手を出さない」というスローガンに反する金儲けである。時としてカタギを刺したり、店に火をつけたりするのでヤクザが社会から嫌われている最大の原因だ。民暴に手を広げる限り、いくら慈善行為をしても社会から認められることは無い。

ミンボーに対する社会の防衛機能は大企業ほど充実している。銀行、保険、証券等は民暴に狙われかねない業種だが、民暴専門の弁護士を揃え、備えもしっかりしている。中小企業や小商人の場合は、小さくなるほど無防備であり、個人となるとさらに民暴に弱い。個人でも社会的地位がある人は強く、知識や能力が無い人ほど抵抗力もない。譬えて言うなら大手銀行を恐喝するのは至難の業だが、老人相手に寸借詐欺を働くのは簡単ということだ。民暴をやるなら弱い者いじめが一番効率が良い。そのサジ加減はヤクザ個々の自主性に任されており「弱きを助け強きをくじく」のか、貧乏人とジイさん、バアさんから食えるだけ食うのか、その人間の考え方次第だ。しかし人間は弱い者で、ややもすると強きに媚《こ》びへつらい、弱きを追い込むことになりがちと言える。

●薬物が最も安定した収入源

さて覚せい剤だが、日本民間放送連盟広報に「覚せい剤やめますか。それとも人間やめますか」というのがあったが正にその通り。覚せい剤に狂ったら人間ではなくなる。妻子や両親等近い人間ほど狂人の犠牲になる。なだめてもすかしても絶対人の言うことは聞かない。監禁しても半殺しにしても頑として自己主張を曲げない。自分の思い通りにならない時は指を歯で食いちぎる奴がいる。痛くないのだ。全くどうしようもない。

刑事弁護の多い弁護士さんでポン中に騙されなかった人はいないと思う。

弁護料のとりっぱぐれなどは可愛いものだ。

覚せい剤の被疑者は警察の留置場や拘置所から直接弁護依頼をしてくることが多い。たいていは不当逮捕だ無実だと訴えて反省のかけらも無い。逆恨みとしか思えないような内容の手紙を読むと正直言ってうんざりする。しかもほとんどお金を持っておらず弁護士の関心を引こうとするのか、大金を隠しているだの、人に預けてあるだのと知らない人が聞いたらびっくりするようなことを言う。社会に彼を支援する者がいないから一人でせっせと手紙を書くのだが、そういう事件を弁護すると人間に失望する。

私も親子二代に渡る女密売人を拘置所からの直接依頼で弁護したが最後は一方的に解任

された。真剣にやっていた事件なので真意を測りかねたが、どうやら裁判を引き延ばすために弁護士を替えたのが真相だ。

拘置所内囚人同士の手紙のやり取りで新しいボーイフレンドができて、懲役に落ちるのが嫌になったのである。費用を貰わず弁護していた事件だけに余計がっかりした。

覚せい剤の永年使用で人格が変っているケースでは本人も嘘と真実の区別がついていないことがある。ある事件で「命にかけてもやっていない」と言い張った被告人が居て私も彼の言い分を信じた。

その男の説明では尿から覚せい剤を検出する現在の日本薬学会「薬毒物試験法」による鑑定には欠陥が多く、ニンニク、ニラ、ネギ等の摂取によっても検知器は同じ反応を示すと言う。しかもある種の市販の解熱、鎮咳剤《ちんがい》でその傾向がより顕著で、自分は在日朝鮮人だから毎日キムチを食べており、逮捕時には運悪く風邪をひいて問題の薬も服用していた。従って尿鑑定は誤っており誤認逮捕だと訴える。

調べてみると彼の言い分は逐一裏付けられて私は無実を確信してしまった。だが懸命の立証は何一つ功を奏さず判決は有罪だった。弁護人の非力を恥じて彼に謝ると共にひどい無力感を味わったものだが、後年裁判所が正しかったことを知った。

同業者の噂で、同じ弁解をしている被告人がいると聞き、問い合わせたところ当の本人で、彼は昔から一言一句違《たが》わずこれを繰り返している弁護士泣かせの常習犯だった。

もう一例紹介するが被告人の頭が悪いと嘘も幼稚になる。ただ言い張って聞かないところに覚せい剤の特徴がある。

「寝ている間に勝手に注射された」と言い出した被告人がいた。警察では自分で射ったと認めていたのに裁判になってから言い分を変えたのである。私は反論した。

「そんな知らん間に射たれたって、誰が何のためにするの。第一注射バリ突き刺されてそれでも寝てられるか」

「呼んだ売春婦が勝手にやりよってん。俺が後で怒ったら、ごめん言いよったがな」

追及すればするほど無茶苦茶なこじつけで、法廷で喋らすのが恥ずかしい。「やめときいや」と何度も言ったが聞かないので仕方なしに言うとおりに証言させた。案の定裁判所は鼻も引っかけず、文句なしの有罪だった。引きたてられて拘置所に帰った被告人から早速電報が来た。

「お前、それでも弁護士か。すぐ来いボケ。謝れ」

確かに私は刑事弁護士としては有名だが薬が作った人格にかかればこんなものである。

シャブ人間に勝てる者はおらず、さすがのヤクザ組織も使用を禁止している。密売をしのぎにする組でも使用は厳禁なのだ。人に売るのは良いが自分では射つな。売人からみかじめをとるのは良いが、できるだけ売人にはなるな、という基準でシャブをしのぎにする。

しかし射つなと言っても実際は無理だ。

売り子は味見したくなって自分で使ってしまう。商品として扱っていながら「食うな」と禁じても無理な話だ。それどころか、売り子は自己使用のため、商品をくすねたいから売り子をやっている。すぐパクられる売り子などまともに考えたらやってられない。覚せい剤密売は覚せい剤使用と強く結びついており、商売をしていると必然的にポン中が増える。だから組織はシャブの商売を禁止する。

妻子を苦しめ、人から見放され、仲間にヤキを入れられ、無一文になってガリガリに痩《や》せて野良犬のようにさまよっても、シャブはやめられないという。一体何がそんなにいいのだろう。

一六歳の女の子がこんなことを言っていた。

「やっても、やってもやりたいねん。血イ出て切れて真っ赤になってもやりたいねん。最高や」

刑務所とシャバの往復だけで人生を送っている中年男が言った。

「そら先生、一升瓶一本分が出る感じでっせ、ドッ、ドッと一生分の精液がバ、バーと出まっせ。そんなもんあんた。三年や五年懲役くろてもおつり来まんがな。一生分、ドバーでっせ」

こんなことも言ってた。

「薬、持ってたら何ぼでも女、よって来まっせ。シャブ欲しい女、ようけおりまんがな。やりたい放題や。若い子おるで。美人やがな。あそこ塗ったりまんねん。喜びまんがな」

薬物は粘膜から吸収されるが鼻粘膜や膣《ちつ》粘膜からも吸収される。

確かにどこの警察でも留置場、女子房はシャブばかりだ。女性犯罪者に占める覚せい剤事犯の割合は非常に多い。彼女たちはクスリが欲しくなったら街をさまよう。人ゴミの中でも汗に混ざるシャブの臭いは一発で判るという。その男について行き薬をもらうらしい。汗とシャブの臭いだけで女性器はズブ濡れになるそうだ。

そういう使い方でなくても覚せい剤は悩み苦しみ、ウサを一発で吹き飛ばす。現代社会で薬物は絶対なくならない。組織犯罪にとって最も安定した収入源だ。

ポン中の会話を紹介しよう。

「ヨッちゃん、どないした」

「パクられた。三郎がヨッちゃんに唄《うた》われて持って行かれた。我がが助かるためにはサツに全面協力やからの。シグマの姐やん薬、行き過ぎで死によったぞ。勘助は親父の早いもん食て飛びよった。のこっとるもんは毎晩タブやって銭のむしりあいや。不景気やの、どうでもええけど」

ほんとにこんな感じなのである。

覚せい剤使用が組織に蔓延《まんえん》してポン中が増えたら組織が内部から崩壊する。薬にはまると命令になど従わない。気に入らなければ兄貴分だろうが親分だろうが関係なく殺しに来る。しかも予測がつかない。顔を見たのが気に入らないというだけでも刺す奴がいる。だから組は禁止している。

第四章　月額十万円の顧問弁護士

●顧問料は月十万円

八一年田岡親分が亡くなった頃、私は山口組本部長小田秀臣氏の顧問弁護士になった。日本にはヤクザの組から顧問料をもらう弁護士がいるのかいないのか自分でも判らなかったが、この時は深刻に考えなかった。顧問料は月十万円である。小田さんは金融業をやっていたので法的手続きや知識が必要と思ったのか身近な弁護士が欲しかったようだ。

でも結局小田さんの金融業は基本的にヤクザを相手にする高利のヤミ金だったから法的手段をとったことは一度もない。もっぱら小田秀組組員の刑事事件や法律相談に乗ること、そして山口組の財産保有会社である東洋信用実業株式会社の法的手続きを管理することが仕事になった。

「いや先生、ワシも若い頃は、鶴橋《つるはし》のガード下で恐喝してしのいでましたがな」

ヤクザは見栄と張りで世渡りするが、小田秀さんほど見栄や張りが利いた人は少ない。大きな声で大仰な仕草で人を褒めるので相手は感動してしまう。かつての路上恐喝少年とはとても思えない貫禄の人でいつもパリッとして清潔な印象だった。

ロイヤルホテルをよく利用しており「ワシと加茂田は買いもん大好きでんねん」と言いながら高級ブティックの常連さんだった。加茂田さんの見栄と張りも超特級でヤクザとしては大人気だった。

　小田さんは進取の精神にも富んだ親分で、

「昔の極道スタイルでは、もう通用せえへん」が口癖だ。

　元は明友会という在日朝鮮人を中心とする不良愚連隊の一員だったが、明友会事件を機に田岡さんの配下になった。明友会と言えばステテコにダボシャツ、胸にドクロや生首の入れ墨をしていたことで知られており、いわばコテコテの汚らしい愚連隊である。小田秀さんのような親分とはかなり雰囲気が違う。日本一の山口組ナンバー3になってスタイルを変えたのだろう。ヤクザでありながらいち早く顧問弁護士を持ったのも小田さんの進取の気性だ。常時週刊誌に名前と写真が載っている人だったから必然的に変りもする。

　田岡親分が病に倒れてより後の三代目晩年は組織の統制がかなり弛緩《しかん》していたように思う。田岡親分の死に続き翌年山本健一若頭が後を追うように亡くなってからというもの、山口組はたが緩み、執行部は頭でっかちの横並びになってしまった。山本広、小田秀臣、加茂田重政、竹中正久、中山勝正《かつまさ》、中西一夫《なかにしかずお》、溝橋正夫、益田《ますだ》佳於《よしお》らである。八人衆の誰かが抜きん出ていたという印象はない。居並ぶスター極道の寄り合い所帯で、誰も山口組の舵《かじ》取りはできなかった。

関東ではヤクザの連合体組織は珍しくないが、関西発山口組は田岡さんが絶対支配独裁体制の縦割組織を作り上げてしまった。口では「ヤクザは愛情に薄い寂しがり屋の相互共助を目的とする親睦《しんぼく》団体」と言っていたが、作った山口組は親睦団体どころではない。圧倒的な独裁君主制で大親分の顔色一つで下は右往左往しなければならない。ヤクザは連合体が自然な形なのか、親分を頂点とするピラミッドが理想なのか判らないが、少なくともピラミッドのトップダウン体制を作るには親分が超絶したカリスマ性を発揮しなければ、子分はついてこない。そして暴力の威力は明らかにトップダウンが有利である。

山健組長亡き後の四代目選びは頭でっかちの押し合いで、そもそも一本化には無理があった。八二年山本広組長を三代目組長代行、竹中正久を若頭とした暫定内閣で次期頭領への模索が始まった。

私は小田さんが四代目になるものと大いに期待していたが二人きりの時、御本人の口から意外な言葉を聞いた。

「加茂田がなろうと、竹中がなろうと……」

と言ったのである。自分が候補になるとは言わなかったし山広でもなかった。今にして思うと早い時から小田さんは武闘派しか念頭になかった。なのに山広を担ごうとしたのは加茂田さんに引っ張られたのかと思う。

年功序列で穏便な権力移譲なら山広組長だった。ところが宅見を中心とする若手は百年の計を考え山口組の若返りを計ると共に、力の原点に立ち返ろうとして竹中を担いだ。

私に重大な転機が訪れたのは八二年宅見勝さんと知り合ったことである。原因は四年前のベラミ事件だ。田岡親分が撃たれた報復として山健三羽烏と言われた健竜会、健心会、盛力会はそれぞれ七八年に松田組系組員を襲撃している。これに加えて同年宅見組も和歌山で報復殺人を犯していた。山健組長に近かった石川《いしかわ》、藤原《ふじわら》、正路《しょうじ》、真鍋《まなべ》、宅見などは我先にと戦果を競ったものである。そして宅見組の実行犯Mらが逮捕されたのが四年後のこの年、八二年だった。私は宅見さんから直々に「うちの組員の弁護を宜しくお願いします」と頼まれた。

●松田組への報復

宅見さんは神戸で生まれ小学校一年の時父を亡くし中学二年で母を亡くしている。伯母の世話になりながら高津高校に入学したものの、二年で中退して糸が切れた凧のように目標を失ったままヤクザ社会に入った人だ。二七歳で山口組系福井組の組員となったが七六年、四〇歳の時山本健一の推薦で田岡親分の直参若衆となっている。石川、平沢《ひらさわ》、南他一〇名ほどが枝から直参に直ったのだが、これは病床の田岡が山口組の若返り策として「若い者を上げよ」と山健に命じたからである。

宅見自身は当時山健組松下靖男《まつしたやすお》の引きで野村《のむら》病院に入院中の山健に会い面接を受けた。直参に上るに際し宅見の親分である福井組長の推薦は受けておらず山健が勝手に決めて田岡に報告した。当時は山口組の規律が緩んでいた時代で、地位が金で動くこともあった。宅見は面接で合格している。

彼は若くして直参になったが、本人の気持ちとしては若いからこそ若さを生かし、山口組の行動隊になる覚悟で本家の一員となっている。長い懲役に耐える若さという意味だ。ヤクザの考え方や所作、心構え、信念等は全て山健から教えられた。山本健一は田岡親分の前では直立不動で何も言えないような人だった。

宅見さんは福井組長より山健組長に強い感謝の念を持ち山本健一に心酔しきっていた。山健組長のためならどんなことでもする人で、宅見さんのヤクザ人生は正に山本健一に対する報恩に貫かれている。

直参になって二年後ベラミ事件は起ったが山健組長につき従っていた宅見にとって松田

組への報復は当然の義務だ。山口組若手行動隊員としては最高の舞台である。だから和歌山での宅見組の殺しは宅見さんの意向によるものだ。ただ実行犯は組長の名前を絶対自供してはいけない。ヒットマンにとって殺しを成功させること以上に、指揮命令系統を黙秘することが重要な仕事なのである。それは殺人に勝るとも劣らない苦しい仕事だ。八二年宅見組長から直々に「よろしくお願いします」と言われたが、結局Mの単独犯としてとおし切ることができなかった。Mを男にできなかったとも言える。

大阪府警本部の厳しい取調べに耐え兼ねたMは事件の見届け人であるIの名前を供述してしまった。Iに命令されて殺人を実行したと調書に書かれた。見届け人というのは実行部隊の監視役で、最後まで仕事を完遂させるための付け馬である。実行犯がおじ気付いて逃亡を図る時は実行犯を射殺する役目だ。付け馬をつけるということは見届け人の背後に命令者がいるということでもある。

Iに逮捕状が発布されIは逃げた。Iが捕まると宅見の名前を唱《うた》わないとも限らない。ヤクザの世界では親分の罪につながりかねない組員は逃亡させるのが普通である。その間Mの弁護人の私は法廷でMの供述を翻す。

「あなたは警察の取調べで、今回の殺人をIに命令されて実行したと供述していますが、それは真実ですか」

「いえ、違います。申し訳ありません。府警本部の取調べがきつくて、誰でもよいから上の名前を出さないと恰好がつかなくなって、おじきのＩに命令されたと言ってしまいました。実際は私が自分の意思でチャンス到来と信じてやったことです」

「チャンスとはどういう意味ですか」

「私等、顔を見たこともない三代目の親分が撃たれたということです」

「それが何故にチャンスなのですか」

「武勲を挙げるのにこれ以上の機会はありません……いい仕事をすれば必ずいい結果がついてきます……」

「何故警察で嘘の供述をしたのですか」

「毎日怒鳴られ、二人がかりで暴行され、上の名前を出したら刑が半分で済むと言われ、苦し紛れにその言葉に乗ってしまいました」

警察での供述と法廷証言は違う。だがこういう場合裁判所は法廷証言をほとんど信用しない。それでも宅見への共謀を消すためにやれるだけのことはやった。

宅見さんと知り合ったこの八二年は山健組長が亡くなった年でもある。私は九〇年東映で「激動の１７５０日」という映画を作った時、渡辺、宅見、岸本の三人から詳しい話を聞いている。三人の話を中心に山健亡き後の四代目作りを話そう。

●山健死後の四代目問題

八二年四月二七日山本健一の組葬が営まれた頃から山本広組長は次期山口組組長の座につく意向を見せていた。

山口組直参で竹中を四代目にとイの一番に言い出したのは宅見である。山健があれほど嫌っていた山広の盃など受けられない。

山健は竹中を買っていたのだ。山健が死の直前獄中から宅見に宛てた手紙に「私が山口組を継いだら竹中を若頭にして……」という一文があった。岸本が見る限り田岡親分も竹中を信頼していた。絶縁した菅谷が最後に田岡親分に詫《わ》びを入れ、組を解散してカタギになった時、田岡はその祝酒を竹中に持って行かせている。

ただ竹中と宅見が元々親しかった訳ではない。宅見はその三年前（七九年）に渡辺、岸本、野上《のがみ》らの四人で北陸旅行をしているが仲が良いと言えば彼らだった。竹中を選んだのは山健の人を見る目を信じたからである。宅見が竹中と直で話す機会を持ったのは菅谷に対するけじめ問題である。竹中の強硬意見に共感するところがあった。

生前の山健は山広と菅谷を嫌っており、これが山健死後の四代目問題に重大な影響を及ぼしている。山健が親族以外宅見にだけ宛てた獄中からの手紙にこう書かれている。

「生存競争の激しい現社会には種々の型があります。他人にどんな迷惑をかけても、人道的に許されない法律を破っても、それぞれの会社の社則違反をしても、自分さえ金になり豊かな生活ができればよいというアワレの様な型と、これらの上にウソでかためて世渡りするアシタの様な型。しかもウソの皮がむかれても平然としている奴達がまかり通る現社会もそんなに長くは続かない。その様なものは世間が許さない。破滅は当然のことです」

アワレというのは菅谷政雄のことでアシタは山広だが二人を強く非難している。宅見さんは山健からの手紙を宝物として大切に持っており私にも見せてくれた。

山健が菅谷を何故嫌ったかについて、田岡親分に八年付き従った岸本は言う。

「菅谷はお金の力を知ったたな。金に目覚めた極道や。がむしゃらに金儲けをして組員を二千人にまでしよった。金が全てになり金さえあれば何でもできると思うとったね。義理人情を忘れよった。親分はこれを嫌ったんやな。ヤクザというたら金の無いのが当り前で、昔のヤクザは寄せ屋やな。ヤクザがロールスロイスやベンツに乗るようになったんは菅谷の発祥や。フミ子姐も菅谷を組に置いといたらあかんという意見やった。当然山健もや」

今日民事介入暴力のしのぎが良くも悪くもヤクザの命運を左右するが、こういう民事に介入する手法を考案し、発展させた元祖がボンノこと菅谷政雄である。民暴はバクチで食っていたヤクザを闇の紳士へと一変させた。岸本が続ける。

「菅谷を絶縁するという時（七七年）、竹中が『ワシら八人で親分に頼んだら聞いてもらえるん違うか』と菅谷の嘆願を言い出した。実際竹中が親分に直訴して菅谷は一度謹慎になってる。その時親分が山広に菅谷の処分を任せたんや。これが鍵《かぎ》やったな。親分は加茂田や溝橋もおる前で『山広、お前が処理せえ』と言うた。山広を皆の前でテストした訳や。山広が菅谷問題を処理してたら四代目は山広やった。山健も反対できんわ。ところが山広は断りよった。荷が重い言う訳や。これで山広は終った。姐さんも山広を見たやろ」

菅谷問題を処理するとは菅谷を説得して引退、解散に追い込むことだが確かに難しい。菅谷は結局絶縁されたものの、組を解散することなく一本で極道を張り続けた。田岡にとって喉《のど》に刺さった骨となり、山口組としても未処理懸案課題として残った。田岡がベラミで撃たれた時は前年に絶縁した菅谷の仕業と思った者も多く、直ちに襲撃隊が菅谷に向っている。

山広と山健の因縁は七一年、若頭梶原清晴《かじわらきよはる》が水難事故で死亡した後の若頭選出にまで遡《さかのぼ》る。互選で山広が若頭に選ばれたにもかかわらず、山健は親分に直訴して山広の若頭を阻止し、自らが若頭となった。山広に山口組を任せると弱体化するという理由だ。

以来二人は犬猿の仲である。菅谷問題にしても山健は絶縁後の菅谷が解散しないのは山広の責任であると思っており、責任を取ろうとしない山広に代わって菅谷殺害を企図している。竹中も殺害計画には加担していた。一方菅谷は菅谷で、山広を恨んでいた。山広がもっとかばってくれても良いのに、助け船を出してくれなかったとの思いである。

菅谷については渡辺も多くの思い出がある。親分の山健が嫉妬《しっと》するほど菅谷とは仲が良かったようで、つい山健の前でも菅谷の話を出してしまう。山健の機嫌が悪くなった。

「五郎、お前、ボス、ボス言うて高崎山《たかさきやま》のボスかい。高崎山のサルがリンカーンのコンチネンタルに乗って何の祭りじゃ。ちんどん屋やないか」

絶縁の直前一度謹慎になった時、菅谷は野村病院に入院中の山健に会いに来ている。しばらく山健と話した後、ガードについていた旧知の渡辺と短い立ち話だ。菅谷が山健の動きを牽制《けんせい》した。

「渡辺よ、ワシにフォリーファイブ持たすなよ」（四五口径の拳銃を持つの意味で、山健

を殺すぞというニュアンス）

「俺に言うんでっか。ほなら俺、マシンガン持たな、あきまへんがな」

絶縁処分の二日前にも二人は会った。渡辺は絶縁になることを知らされていない。

「渡辺、服買うたるわ」

「よろしいわ」

「俺にもろたら都合悪いんか」

「いえ、そんなこと」

高級な生地を買ってくれ仕立代として七万円の小遣いをもらった。喫茶店で話しながら渡辺も菅谷の難しい状況を心配し、つい忠告がましいことを口にする。

「人にケツ掻《か》かれて動いたらあきまへんで」

「いや、判っとるんや。何とか頭（山健）もとりなしてくれんかな。そや頭にスシ持ってこか」

「親父、今スシ食わん」

「何、食うねん。ゼニやったら食うてくれるんか」

「あんた、それを言うからあかんのや」

渡辺はずっと菅谷が可哀想だったという思いがふっ切れず、山健の墓を参る時は必ず菅谷の墓にも手を合わせた。山健と菅谷の墓は同じ墓地にある。

宅見が山広を失格と考えるのは菅谷の件だけではない。松田組との大阪戦争で山広組は働きもしないのに勝手に手打ち工作に動いたことも気に入らない。

それに比べ山健組が計画した菅谷殺害に加勢し、最後は菅谷に引導を渡した竹中をはるかに頼もしいと見る。

だが山健死後の山口組では古参組長を中心に山広を組長にしようとする動きがあり、竹中派の始まりは僅か五人だった。自然の流れでは山広四代目に違いなかったが、阻止したのがフミ子姐さんである。姐さんを味方につけたのは織田譲二と岸本才三だった。宅見が岸本と織田を竹中陣営に引き込んだのである。

●山口組四代目結成委員会

織田譲二（本名伊藤豊彦）は田岡親分のガード兼秘書をした人で田岡家には家族同然に出入りしていた。

岸本才三は田岡に八年つき、姐さんには十数年ついた田岡家の執事と言うべき人物だ。

二人が参加して大逆転劇の幕は開いた。竹中を四代目にしたのは一巻きの渦が大河の流れを逆流させたほどの壮大な事だった。キャスティングボードを握ったのが姐さんだ。

八二年九月五日山広は定例会で四代目に立候補すると言い出して組長会は騒然となった。細田、宅見、石川らが猛然と反対し「頭がパクられている時に（八二年八月所得税法違反で逮捕、勾留されていた）四代目を決めるな」と抗議した。収拾がつかなくなり小田秀が九月一五日まで延期すると宣言してその日は終った。

一五日までの間に竹中派は四代目結成委員会を作り一六人が参加した。

宅見は山広派の参謀であり渉外でもある小田秀と突っ込んだ話をしたが平行線のままだった。私もこの頃小田秀さんから直接気持ちを聞いたことがある。こう言っていた。

「広っちゃんでまとめた方が山口組の一本化ができる。そのあと皆が竹中を五代目にしたいのなら山広に禅譲してもろて竹中が五代目になったらええ」

実は岸本さんも本音では「山広に五年ほどやってもろてから竹中が五代目を継いだら、あんなに割れんで済んだやろなあ」と言っていた。宅見さんが突っ走ったのである。

山広が立候補したことをフミ子姐さんが聞き、竹中の留守中に勝手なことはさせないと自ら乗り出した。この頃山広派に動揺をもたらしたと言われる竹中派の怪文書が直参に送り付けられる事件もあり、結局九月一五日山広はフミ子の意向を入れ、選挙での結着を断念した。自ら無期延期を宣したのである。四代目問題はこれでひとまず保留となった。再び大きく動くのはフミ子姐さんが八四年一月左足骨折で関西ろうさい病院に入院してより後の事だ。

宅見さんは竹中の四代目担ぎに失敗して山口組を出る事態を何度も想定したと言う。仮に出ることになっても代紋だけは持って出てやると決めていた。それは姐さんの言葉に意を強くしたからである。宅見がフミ子に言った。

「姐さん、仮にワシらが出ることになっても代紋だけは使わして下さい」

「お前、誰に代紋もろたんや。お父ちゃんにもろたんちゃうんか。お父ちゃん死んでるのに、誰がお前の代紋取り上げることができるんや」

この言葉を聞いて宅見は代紋を返上する必要はない、それどころか姐さんは山広に代紋を使わせる気はないと確信した。山広が無期延期を宣してより後、フミ子の意向が皆に知れて行く。山広に四代目の目が無いのかも知れないとの疑心が当初の山広派に広がり、山口組内の情勢は変っていった。

山広派だった直参も山広が良いというより山広が勝ち馬のつもりで推していた訳で、違うとなれば勝つ方につく。強いて人物評を言うなら「山広は御し易く気楽にやれそうだが、竹中はうるさそうだ」と言ったところだ。山口組にとっていずれが良いかとなると「山広さんなら他団体とうまく付き合いするけど、竹中のおっさん、誰とでも喧嘩しよるんちゃうか」との思いを抱かせている。

確かに竹中が四代目をとった後、稲川会に挨拶に行った機会にこんなことがあった。稲川の執行部の人が、

「台風は西から来るからなあ」と言った。大きなモメ事の嵐は西から来る。つまり山口組が、かっての全国侵攻作戦よろしく東京へも暴力を仕掛けて来るかも知れん、という懸念と嫌味を口に出した。すると竹中はボソッと言った。

「ウチは何時でも喧嘩するで」

聞いた宅見さんは「このおっさん。場所をわきまえて物ぬかせ」と腰を抜かさんばかりに驚きあきれた。よりによって四代目の礼を兼ねて挨拶に出向いているのに喧嘩を売ってどうするのだ。暴力団だから愛想を言えとは言わないが、せめて常識程度の社交性はあってもいい。

フミ子姐さんも竹中の無骨さが頭をよぎり、うまく付き合いができるか心配していた。

最初から竹中を支持していた訳でもなく山広で良いかとの思いもあった。岸本さんによると「お父ちゃんの遺言とか伝言」というのはこじつけだそうで、田岡が「四代目に竹中」というニュアンスを表明したことは一度もないとのことだ。岸本と織田譲二で姐さんを洗脳していった。ただ岸本さんが「姐さんは親分以上の女極道や」と評したように、姐さんはヤクザがどうあるべきかを誠実且つ、誰より真剣に考えたことは疑いようがない。経を覚えた門前の小僧も住職を陵駕することがあるのだ。

落ちこぼれが寄って集まって、人並みの生活をするためにはよほど強力なリーダーシップを持った人物が集団を引っ張らねばならない。その資質を持つのは人の情を理解しつつも結局は力を信じる者が頭領を継ぐ。竹中は荒削りで他団体との協調に不安はあるが、意思の強さで群を抜く。一方の山広は何より自分で働こうとしない。穏健ではあるが決断力、行動力に欠ける。フミ子の腹は竹中へと固まっていった。

●宅見勝の逮捕状

田岡フミ子は山健の死後八二年六月兵庫県警より「三代目姐」と認定され、警察の取調べ対象にされている。警察の圧力の下でも夫が残した大山口組の跡継ぎだけは自分で決めると決意していた。そして姐さんには四代目を決める権限があると皆が思っており、先の怪文書には説得力があった。曰《いわ》く。

「……八月十五日テレビ取材があり、姐さんは四代目問題について発言されています。『亡き田岡の意中は判っていますが、今は言う時期じゃない』。解りますか。山広であるなら姐さんの推挙で発表になっています。山広でないからボカしているのです」

怪文書とは言え、指摘されればその通りである。ムードは変っていき、まず旧安原《やすはら》会の尾崎《おざき》、益田兄弟、大平《おおひら》などが竹中支持に回った。神戸は岸本と渡辺だけが竹中派だったが、八三年六月竹中が保釈出所して、皆と顔を会せるようになってからは竹中の勢いが増々大きくなった。姐さんが入院した八四年一月に形勢は竹中へと大きく傾いていた。

Ｉが警察に責められ、和歌山の殺しで宅見の名を出してしまったのがその八四年二月のことだ。

証拠隠滅の為に逃亡する経験はヤクザなら有り得る。中には内輪に殺されるケースもある。そこまでして親分を守ろうとするのは全組員の生活がかかっているからである。Ｉは逃亡生活に入ったものの、寂しさと人恋しさから隠れてこっそり大阪ミナミに舞い戻っていた。女と会っていたのを警察が察知し泳がせていた。一年半逃げて八四年、遂に地元ミナミで捕まった。逮捕の際、警察官はここぞとばかりIに暴力を振るった。

「おいI！」

振り向くやいなや、瞬時の間に捜査員がIを路上に投げ倒し三人がかりで押さえつけていた。あまりの激しさにIは肩を骨折し前歯四本がグラグラになった。暴行の口実は「けん銃を所持している可能性が高く、即座に制圧する必要があった（捜査官の法廷証言）」というものである。

怪我を負って病院に通いながらの取調べで否認するのは至難の業だ。骨折部位の痛みが四六時中恐怖感となって、取調官がちょっとでもきつい顔をするだけで傷がうずいた。留置場でIが私に言った。

「先生、ワシもうあきまへん。（警察は）親分が指図した言えいうて聞きまへん。もうあかんから先生、うちのもん（組内の者）にいうてワシ殺してえな。あしたまた病院に行くから、その車つけてきてワシが降りたところを撃ち殺してもろて下さい。ワシはもう終った身やから（人生は終了したの意味）かめへんさかい殺して。そう言うといて下さい」

私はIが宅見の名前を出すのは時間の問題と見た。Iの供述が調書になった時それを証拠に宅見勝の逮捕状が出る。殺人罪である。懲役二〇年はいくだろう。さてどうするか。

私は宅見さんを助けようと思った。

　宅見が二年間、持てる力の全てを賭けて竹中四代目作りをしてきた最後の時期である。勝利は目前、竹中四代目をほぼ手中にしていた。もし四代目が誕生すれば宅見は最大の功労者であり、それ相応の地位が約束されるはずだ。私は逮捕状が出る前にとりあえず宅見さんを逃がすことにした。Ｉと頻繁に面会した。

「先生アカン、言うてもた。親父に謝って」

「Ｉさん、調書にサインしたんか」

「した」

「いつ？」

「今日の午前中です」

「よし判った。ええか、二人の会話なんか誰にも判らんことやから日時、場所は出鱈目《でたらめ》の日にしときや。親分に命令されたと調書になったんは、責めてもしょうがない。今は話の中身を変えてしまうことや」

「いけまっか」

「うん。親分は絶対助ける」

私は小田秀さんから宅見さんのことを聞いていた。二人が両派に別れて対立していた時期に私は一方の顧問弁護士、他方の人生を左右する弁護人をしていた訳だ。

「先生、宅見君は伸びるよ。頭が涼しいし、よお動く」

小田秀組長は負けるかも知れないと思いつつ、敵とは言え宅見の働きを高く評価していた。私はそんな宅見さんの人生を終らせてしまうのはいかにも残念に思えた。

宅見組の殺しは既に九年も前のことだ。かなり昔の事件で実行犯が「Iに命令された」、Iが「宅見に命令された」と言ったところで会話の存在など不確かに過ぎる。

裁判所にIの供述内容が嘘であると思わせる証拠を作ればよい。加えてIが何故嘘をついたのかの理由も保存しなければならない。逮捕時に大怪我を負わされ傷の痛さ故、取調官の言いなりになっているのだ。

そんな心づもりに頭をめぐらしながら警察を出るなり宅見さんに電話した。

「逃げて下さい。二、三日中に逮捕状が出ます」

「判りました」宅見さんは実に素直に聞いてくれた。

やはり一度逃げるのが正しい。Iと同時に捕まると口裏合わせができず真実が露《あら》わになる。Iも自分だけなら適当な嘘が供述できる。一人にしてやるべきだ。

●竹中四代目の発表

八四年二月四日山本健一の三回忌法要が営まれ宅見は出席している。この時山広と竹中は祭壇の前に並んで座りながら、会話は全く交わしていない。私が二月八日宅見さんに逃げよと指示し、宅見さんは二月一〇日に大阪を離れた。大阪府警は和歌山の殺しにつき宅見の共謀を立証する証拠をIの供述で押えたものの、宅見への逮捕状はかねてから抱いていた別件のネタを使った。傷害の嫌疑で全国指名手配をうったのである。

当時全く想定しなかったことだが、捜査当局は宅見の発する自動車電話の電波を追っており、国内の移動を捕捉していた。宅見が傷害罪で逮捕されたのは同年五月四日、東京赤《あか》坂《さか》プリンスホテルである。丁度この頃竹中派が遂に四代目の座につくとの情報が一気にマスコミに漏れた。

竹中四代目の発表は六月五日の定例会で為されたが非常に急いで物事が運ばれており、反対する者は出て行けと言わんばかりの突き離したやり方だ。それは姐さんの都合だった。兵庫県警が絡んでいる。

兵庫県警は田岡死亡を山口組解体の絶好機ととらえており、山健が亡くなるに及んで四代目は作らせないとの方針を立てた。手立ては田岡家を責めることだ。その一弾としてフミ子を暴力団組長と位置付け検挙の対象にした。第二弾が長男の田岡満《みつる》を商標法違反で逮捕するという脅しだった。兵庫県警暴力団対策課は満を呼出し「田岡家は山口組から手を引け。四代目は作らせるな。山口組は田岡で終了させよ」と責めた。

満は母のフミ子に「もう山口組とは手を切ってくれ」と要求する。岸本と織田譲二が「姐さんの口から竹中に山口組を継がせる」と宣言して欲しいと頼む。岸本は織田譲二と交代で毎日関西ろうさい病院に足を運んだ。満も連日母の説得に来ており鉢合わせすることもしばしばだった。

フミ子が涙ながら岸本に言った。

「岸本さんどうしたらええんや。私は四代目を作る責任がある。でもそれをしたら山口組の人間とみなされ満まで逮捕される。満が捕まったら私の老後は無いも同じや。孫が可哀想や」

岸本の目の前で満は母に迫った。

「田岡家をとるのか山口組をとるのか決めてくれ」

五月二〇日に満とフミ子の連名で兵庫県警に「山口組と縁を切る」という念書を出す約

束をしていた。もうどちらか決めざるを得ないという時期だった。岸本が言った。

「姐さん、それ（念書）六月五日の定例会まで延ばしてもらえませんか。五日の午前中に皆に発表して午後県警に念書を届けて下さい」

満は約束通り二〇日に連名の念書を提出して一切かかわりを断ちたいと言った。もしそうなったらとりあえず四代目は空中分解することになり、その後集まりたい者同士が寄って勝手に団体を立ち上げざるを得ない。田岡家の土地建物は使えないばかりか、山口組も菱の代紋も使えない。大変なことだ。岸本と織田が日参してフミ子を説得すると、フミ子は最後に山口組をとった。

県警に念書の提出を六月五日に延ばすと一方的に告げ、四代目の仕上げにかかった。アッという間に姐さんは竹中に決めたらしいとの噂が伝わり、焦った山広派は五月二二日集まりを持った。「断じて容認しない」と確認し合った。フミ子が五月二五日加茂田重政を関西ろうさい病院に呼んだ。

「政、お前は組を割るようなことはせんやろ。政の席はちゃんととってあるから」

「姐さん四代目の席には誰が着くんでっか」

「竹中や。お父ちゃんの遺志や。政も竹中を応援してやって」

「姐さん、ほんなら山広はどうなるんでっか」

「政はなんでそこまで山広を心配するねん。山広は今までのことを考えたら任す訳にいかん」

「仮にも山口組の組長代行です。姐さんがそういうても世間があります。山口組が二つに割れまっせ」

「政、そんなことはお前が心配せんでええ。それよりこの前、正久とお前会うたやろ。正久がお前に言えへんかったか」

「何をでっか。竹中の兄弟や岸本、渡辺と一緒に大川でステーキ食うて、クラブ一軒行きましたけど何も聞いてまへん」

「政よ、お前本当に正久から何も聞いてないんか。あの馬鹿が、あれほど言うたのに」

フミ子は強引に事を進めており、加茂田は別れ際山口組を出ることを告げざるを得なかった。姐さんはこの頃岸本にこんなことを漏らしている。

「皆んな言うことを聞かんなら代紋は誰にもやらん。私が持ってあの世へ行く」

五月二七日山広が姐さんに呼ばれた。

「四代目は竹中で行く。協力してもらえんか」

「賛成しかねます。協力できません」

サジは投げられた。大分裂である。宅見勝が三〇〇〇万円の保証金で保釈出所し再び社会に戻ったのは、山広と姐さんが会談した翌日、五月二八日である。逮捕された五月四日から二八日までの間、実は私と宅見さんの間で人生を変えてしまうほど、とても大きなことが留置場で起っていた。

●宅見勝の翻意

五月四日の逮捕は別件の傷害罪だが府警が狙うのは言うまでもなく殺人罪である。八四年五月五日の読売新聞（大阪版）では次のようになっている。

「大阪戦争当時の組長を逮捕」との見出しに続いて次の記事が載った。

「大阪府警捜査四課は四日午後、暴力団山口組系宅見組組長宅見勝（四七）を東京都内で傷害容疑で逮捕した。山口組と松田組による〝大阪戦争〟で和歌山市内の松田組系組長射殺を指示した疑いがあり、同課は殺人容疑でも追及する。宅見はこの日、護送されて新大阪駅に着いたが、ホームに暴力団員約六〇人が出迎え、報道陣を取り囲んで撮影を妨害したり、マイクを壊すなど乱暴、居合わせた旅行客らは身をすくめていた」

私もニュースで逮捕を知り、警察に急行すると共に連日面会を重ねた。極めて重大な問題で何より本人の気持ちが大切だ。私は実行犯Mの供述を崩していたし、Iの供述もつぶす自信があった。警察の暴行で傷害を負ったIがどれほど取調官を恐れていたか全て秘密録音している。

警察が無茶な捜査をする時、私はルールを無視して必ずテープに録《と》った。テープをそのまま証拠にしたことは無いが、接見時の聞き取りメモとして詳細極まりない様子を書面にして証拠請求する。

逮捕された日は突っ込んだ調べもなく私と宅見さんは大阪府警の追跡能力に脱帽との会話を交わした。翌日から取調べの主任はO巡査部長である。傷害での逮捕だが殺人が本命、Oは宅見を見据えて、ちらちらと話をそちらに向ける。O巡査部長が言う。

「どや親分、往生しまへんか。Iがきれいに唱うとりまっせ」

「何の話や」

「それはないやろ。否認でも黙秘でもウチはやりまっせ。検察庁にも府警上げて圧力かけまんがな。絶対起訴すると思うで検事も。無罪になりまっか。組長と山健言うたら縁が濃すぎるがな。山健、刑務所から手紙送っとったん組長だけやがな」

確かにそうだ。山健の意を宅見が汲まぬ訳が無い。山健三羽烏と一番槍を競い合って結果を出したのが和歌山の殺しだ。山健も自分の子では無いにかかわらず宅見に深い信頼を寄せ、配下の者以上に心を許していた。

大阪戦争後保釈取り消しで収監され受刑に入った山健からの手紙には自らの死後を予見するようなものもあった。

「古城が居てくれるのである程度、安心はして居りますが、先生方の尻は叩いても叩いても叩きすぎと云う事はないからね、本当ですよ。古城にはくれぐれもよろしく頼みます。姫路、高知、神崎、十六代目、横浜など、諸君によろしく」

古城とは織田譲二のことで織田が姐さんを確保しているので山広が勢力を増すことは無いだろうが、竹中（姫路《ひめじ》）、中山（高知）、大平（神崎）、石川（十六代目）、益田佳於（横《よこ》浜《はま》）をしっかり引き込んでおくようにと指示しており、山健死後の四代目争いをそのまま予測する内容になっている。

竹中と山広の戦いは、山健生存中に彼の心の中にあったイメージのまま推移したことになる。

逮捕二日目の五月六日の夜、面会に行った時だ。妙にさっぱりした顔をしている。

「先生認めましたわ」

「えっ！　何を」

「和歌山です」

「えー、殺人事件ですよ。二〇年行きますよ」

「いや、ワシ山本健一のためなら死んでもええんです。あの人が何が何でも松田組はいわさなあかん言うたら、ワシが走るのは当たり前です。この事件否認なんかできません。あの殺しはワシの願いをかなえてくれた立派な仕事です。逃げる気はありません」

頭から血の気が失せてしまった。何をバカな、少女じゃあるまいし、センチメンタルに打ち沈んで、ヤクザじゃないのかあなたは。

「宅見さんは良くても周りどうするんですか」

「いや、これがワシです。やることはやりました」

「えー、やめて下さい」

えらいことになった。本人が認めてしまえば全て終りだ。Ｉにいくら供述を改めさせても捜査段階の調書に宅見の命令が供述されているのだ。宅見本人が認めたら助かる道理がない。何が何でも翻意させなければならない。「認めなければ絶対起訴できない」と口を酸っぱくして訴えた。宅見さんの下には大勢の組員の生活がかかっていること、奥さんや子供さんが路頭に迷うこと、おそらく新生四代目山口組にとってなくてはならない人材であること、認めたいと思うのは一時の感傷に過ぎないこと、私としてはどんなことがあろうと宅見さんを助けてがっぽり報酬をもらいたいこと等、考えられるありとあらゆることを言った。恐る恐る聞いてみた。

「調書に署名したんですか」

「いえ、まだ調書巻いてません。口で認めただけです」

「ウワー、良かった！　宅見さん大丈夫です。調書に署名、押印さえしてなければ何もないのと同じです。今なら間に合う。目を覚まして下さい。山健の親分に報いたいのなら、竹中さんを守って四代目山口組を運営してこそ親分の恩に答えるものです。親分の後を追って殉死しても山健さん喜びません。絶対ダメです。否認して下さい。必ず殺人はつぶしてみせます。まだ人生終るのは早すぎます。認めたりしたら私は言いふらしますよ。宅見は情けない根性のないヤクザでした言うて」

宅見さんは腕組みをしてじっと私を見ていた。そして言った。

「今晩よお、考えてみます」

「絶対助かります。天地神明に誓ってもいい。必ず助けます」

面会が終ったのは一〇時頃だった。居ても立ってもいられず岸本さんに電話した。

「そんなこと言うとんかいな。山口組の仕事はこれからやがな。先生何が何でも翻意さして下さい」

翌朝一番で面会した。

「岸本さんに言いましたよ。気持ちは変りましたか」

「有難うございます。もう大丈夫です。認めまへん」

えー！　二度驚きだ。そんな簡単に気持ちが変るなら最初から認めないで欲しい。タイミングとは本当に恐ろしい。宅見さんはきっと山健親分との思い出に浸って親分に殉じたいと思ったのだろう。O巡査部長も認めた瞬間、間髪を容《い》れず調書をとって署名させておけば宅見さんは間違いなく落ちていた。

　Oはその日何か用事で帰宅したいと思ったのか、あるいは武士の情けで一晩考えさせてくれたのか、いずれか聞いたことは無いが、後にOは私に言ったものだ。「先生が面会してから、やっこさん吐いた言葉を飲み込んでしまいよったがな」。O巡査部長はとてつもなく大きな魚を逃がしている。

ただ宅見さんは後年O巡査部長のことをチャカして話題にしたが心では感謝していた。私に対しては更に深い感謝の気持ちを生涯持ってくれた。宅見さんが気持ちを取り直したこの朝の面会は録音テープにとって今も持っている。

結局事件は別件逮捕された傷害事件の起訴だけで終った。起訴された翌日の五月二八日保釈を許可してもらい、宅見さんは再びシャバの太陽を浴びた。あの夜私が面会していなかったらシャバに出られたのは二〇年後だった。

第五章　四代目山口組の船出、そして射殺

●四代目誕生と一和会の旗揚げ

保釈出所後は四代目作りのフィナーレが待っていた。山広派を見捨てての船出を六月五日の定例会に発表する。宅見さんの元に小田秀さんから連絡があり話し合いの余地はないかと打診があったが、宅見さんは竹中で行くと断った。小田さんは小田秀組組員の意見取りまとめに時間が欲しかったのだ。

六月五日田岡邸二階大広間、床の間を背に姐さんと竹中が居た。姐さんが立ち上って言う。

「竹中さんを四代目に推薦いたします」

竹中が「未熟者ですが、お引き受けした以上、山口組のために粉骨砕身頑張ります」割れんばかりの拍手が祝賀会場を満たした。当日直ちにフミ子は兵庫県警に「所信表明」を提出した。

「本日山口組に四代目は誕生しました。私共田岡家はこれにより山口組とは何ら関係なくなります。田岡家の建物は今後一切、山口組には使用させません」

あの夜のことを知っているのは本人と私と岸本さんだけだ。お互い話したこともなく人にも言ってない。三人共何もなかったかのようにその後を過ごした。

同じ六月五日山広派は大阪松美《まつみ》会の事務所で記者会見を開いた。会見を開くという提案は小田秀が言ったことだが、それにもかかわらず小田秀は会見に遅れて出席した。この頃小田秀組自体収拾がつかなくなっていた。組員は山口組を出る気が無く、逆に小田秀組を出ようとしていた。山広がテレビに向って意見を述べた。

「我々は竹中の四代目は認められない。今後は各組長が同志というかたちで付き合う会合を持つ」

一和会の旗揚げは六月一三日である。山本広を会長とし、加茂田重政を副会長兼理事長としたが、小田秀臣が抜けていた。旗揚げの日、小田秀から加茂田に電話があった。

「兄弟すまんけど一和会の旗揚げには参加できん。ウチのもんが反対して出て行きよったんや」

「若衆に逆縁された言うんかい！　殺してしまわんかい、そんなもん！」

加茂田は電話に怒鳴りまくって一方的に切っている。同じく一和会に参加すると思われた名古屋の弘田組でも組員の賛同を得られず組長弘田武志《たけし》は引退し、組員が四代目山口組に戻った。弘田組長を説得したのは現六代目司忍である。司さんは一点の疑問もなく一和会には行かないと決めている。弘田組長も司さんの意見に素直に従った。

故に引退後も司組長は弘田さんを立てて山口組の大きな行事や法事に招待している。ちなみに世間で知られていないが司忍という名前は弘田組長が名付けたものである。耐え忍んで司《つかさど》るという意味だ。

同じことが福井《ふくい》英夫《ひでお》組長の福井組でも起ったが、こちらは宅見組長が説得して一和会行きをやめさせ本人の引退となった。黒澤明《くろさわあきら》、伊堂敏雄《いどうとしお》、鈴木国太郎《すずきくにたろう》、滝沢仁志《たきざわひとし》らの組長も引退し、若衆は山口組に残った。

組員にとっては組長より代紋の方が大事ということでもある。思うにそもそもヤクザを続ける目的がどこにあるかだが、最も大きな理由を言えと言われれば生活のためというのが一番大きい。家族同然の絆《きずな》が有るからとか、命を的に生きる緊張感が良いとか、男を磨く修業に魅力があるとか言えるかも知れないがウエイトの大きさでは生活である。そのために何が必要かと言えば代紋、山口組という名称ということに他ならない。

●田岡親分の遺産とは何か

何故代紋が重要なのか考えてみよう。田岡組長が昭和二一年に三代目を継いだ時は僅か三〇名ほどの組員だった。それを昭和五五年には二府三三県に組員一万二千人を擁する大組織にした。田岡親分が残した山口組という巨大な遺産は抗争に次ぐ抗争に散った多くの男の命と懲役の結晶だ。血と涙にまみれた怨恨《えんこん》の名跡に他ならず、継いだ者が先達を敬い供養するのは当然のことである。

私が思うに三代目親分は暴力の持つ力を絶対的に信じた人で、不屈の闘志と意地の強さが群を抜いていた。特に親分の優れていた資質は人の繊細な感情の揺れを読む感受性だったに違いない。闘争心と野望を内に秘めながら、意地を通すためには妥協を許さない冷徹さを持って配下の顔色を読んだ。人と人を競わせて最大限の能力を引き出した人と思える。

山口組はあまりに重い名跡だがそれ故に男達の情熱を奪いつくす求心力がある。今日や昨日にできた代紋では懲役をかけても出所時に雲散霧消しているリスクがあり、人生を賭けられない。覚悟を決めて長い懲役に行った人間にとって帰る組が無いことほど惨めなものはない。

山口組に集まった男達の気の遠くなるような懲役の年数、そして数々の命を奪った血と涙の山菱ブランドは想像を超絶する値打ちがある。

それがどういうものかと言うと、例えば生い立ちの不条理からヤクザになると決め、山口組に入ったとする。盃をもらった途端、体に一本芯《しん》が入る。奥底から勇気と自信が湧きあがり、ものすごく強くなった気がする。今までバカにされ差別されていた立場が消える。もう誰も軽くはあしらわないし、そうはさせない。そして代紋がプライドとなり存在の証しになっていく。山口組系組員は落ちこぼれの中ではトップクラスのエリートだ。繁華街を肩で風を切って歩き、少しでもバカにされたらただでは済ませない。相手の体に教えるのに躊躇はない。暴力は山口組からもらった免許なのだ。

小西一家の落合勇治《おちあいゆうじ》さんは殺人罪で起訴され無実を争っているが、私に言った。

「自分の人生はもうありませんが、死ぬその日まで山口組の一員としてプライドを持って裁判に臨みます。山口組の誇りを汚す所作は絶対にしません。どうか皆さんにお伝え下さい」とのことだった。落合さんにとって山口組が心の支えなのだ。

昭和五九年六月五日山口組を割って出ると決めた山広派は記者会見を開いた。会見をテレビで見ていた竹中派は「勝った」と言ったものである。菱をはずした方が負けだ。宅見は稲川さんから「いかなる理由があろうと代紋を捨てたら逆賊だ。大義は一切ない」と教えられた。彼らが菱を捨てたのは意地と驕《おご》りだが、驕りがまさっていた。分裂しても、もし同じ代紋を使っていたら、代紋が分派して存続する例はいくらでもあるのだから、残っていたかも知れない。

当然一和会に参加すると思われた小田秀組長だが組員達は「菱の代紋なしでは食っていけない」と言う意見に集約された。

ブランドの威力をまざまざと見るが、私の耳には「トップは要らんけど下は全部もらう」と言う勝ち組の言葉が印象に強烈だった。そうそうたる名前の組長は不必要だが配下の組員達は全て山口組が引き取ると言う意味で、ドライと言うか、その合理性に驚いたものだ。人よりブランドが優位ということになり、あれほど親分と崇《あが》められた人物の値打ちは何処に消えるのだろう。この世界は負けると、とことん落ちる。

組というのは人で成り立っている。人は石垣、人は城、そして組にとっては人は茶碗と箸だ。物やお金で構成されているものではなく人によって組み上がっているソフトと言える。「山菱マークの山口組」と言う無体財産を組長以下が運用している。そしてそこに燃えている情熱は一般の想像よりはるかに熱い炎だ。どれだけ権力に叩かれようが、何人が死のうが、さえぎるものには疲れを知らない闘志で立ち向かう。それ位ブランドは重い。

四代目誕生を機に田岡親分が作った大山口組は分裂したが、大多数の人がまさか一和会が完全消滅するとは夢にも思わなかったろう。急仕立ての代紋がいかにもろいかということだ。

●山口組顧問弁護士の誕生

竹中正久が四代目山口組直参と盃を交わしたのが六月二一日、徳島県鳴門《なると》で襲名式を挙行したのは七月一〇日だ。宅見さんは若頭補佐に昇格し、私への恩返しに「山口組の顧問弁護士になってくれませんか」と招請があった。宅見さんとしては私を山口組の顧問にして生涯私の所得を保障しようとしたと思われる。

「はあー？」

そんなもの、世の中にあるのだろうか。確かに小田さんの顧問をしていたけれど、あの時はマスコミに知られることもなかった。山口組となるとそうはいかないだろう。世間に名前が出るに違いなく、レッテルが貼られてしまう。当然悪い人間と思われるので、私はいいとしても家族に害が及びかねない。ひと月近く悩み、その間妻や離婚した前妻に聞いてみた。現妻は「へえー、ヤクザさんの顧問ねえ」と珍しそうな顔をして意味が判っていない。前妻の山之内《やまのうちみ》三紀子《きこ》は東京在住の弁護士で知名度もあった。

「なんですって！　山口組の顧問弁護士、何考えてるのよ。子供達が暴力団の子供って言われていいの！」

「いや俺は暴力団と違う。弁護士や」

「一緒よ。世間はそう見るわよ。いつも自分のことしか考えない人間だったけど、離婚してまで私達の母子家庭を苦しめるのね。どんな神経よ！」

それはそれは無茶苦茶に罵倒《ばとう》された。そこまで悪いことなのかと疑問の方が勝る。人は何故ヤクザになるのか。そしてヤクザは一体何をしているのか。結局その興味の方が勝ってしまった。私は宅見さんに「引き受けます」と答えたのである。

時を同じくしてNHKから新生四代目山口組のドキュメンタリーを撮りたいという話が入ってきた。NHKスペシャルでやるとのことだが、山口組側をまとめてコーディネートできる人物がいれば、是非綿密な打合せがしたいとの要望があった。にわか作りの顧問弁護士だが、顧問と名がつくのだから、その役割を引き受けるのにはうってつけだった。私は制作チームと何度も打合せをし、プロデューサーの座間味《ざまみ》さんを筆頭とするスタッフとかなり仲良くなった。撮影が終わってからも交流は続き、座間味さんとは、とうとう彼がNHKを退職して大阪芸大の講師になってからも親交があった。三〇年以上に及ぶ終生の友となっている。

NHKスペシャル「山口組・知られざる組織の内幕」は八四年八月二七日に放送され、

延々今日までも語り継がれる番組となった。NHKはよくぞ暴力団を取材したものだし竹中さん以下執行部もよくテレビで喋ったものだ。インタビューは神戸地裁近くの旧山口組本部事務所で撮ったが竹中さんとはもっと事前準備をするべきだった。

私がまだ彼に委縮していた時で話し込めなかった。だから彼は状況が判っておらずきょとんとして「誰か答えてくれよ」とばかりに目が泳いでいる。中西一男さんが一人で喋っていて、希望する画作《え》りから離れてしまった。私が悪い。だから竹中さんは可哀想に警察官に怒鳴り散らしている映像ばかりが流される。

「オドリャー何しょんぞいコラッ！　汚いことさらすな。しまいにゃブッ殺してしまうぞオラッ」

「ナニー、ボディチェック！　ワレ判っとんかい。令状が要るんぞ。どかんかいコラ！　いわしてまうぞボケッ」

竹中さんは何回も逮捕されているが供述調書には一切署名しない。こういう人はほとんどいない。皆それなりに妥協してサインするのだが「何でサツに協力せなあかんのぞい」と言って全く取調官を相手にしない。そんな態度で通用するのは刑事も竹中が怖いからである。竹中に一喝されると家で女房が殺されているような錯覚に陥る。

小っちゃい目の童顔なのだが不細工ゆえに怒鳴り散らすと恐ろしい。宅見さんが私を山口組になじませようと四代目親分にもよく会わせてもらった。何度かクラブに御一緒したがホステスを口説く際の竹中さんの口説き文句に卒倒しそうになった。

普通は「服、買おたろか」「指輪買うたろか」位で、親分クラスなら豪勢に「マンション買おたる」もないではない。ところがあの人は通常の発想ワクを超越している。女の子の頭をヘッドロックしながら耳元で言うのだ。

「おい、誰殺して欲しいね。言うてみい。誰でも殺したるぞ」

そんなもの口説き文句になるのか。マンション買ってあげてよ、マンション。とにかく「人間死んだらしまいや」と言う考えの人で、「先に殺した方が勝ちや」という優先順位になっている。

宅見さんが言うには一和に行った連中は単純に竹中が恐ろしいのだとのことだ。姫路事件と呼ばれる木下会との抗争では手打ちした後、油断ができたのをチャンスに、相手組長を射殺した。手打ち破りとも受け取られかねない報復は、竹中が恐ろしい人物であるとの印象を生んでいる。

四代目の誕生は組織が若返り、上命下服の縦の線がはっきりして動きやすいものとなった。分裂前と打って変わって充分に求心力が働き一和会への切り崩しがより活発となっていく。

八月のこと、私は宅見さんから義絶状の草案を見せてもらったことがある。文章としておかしくないか確認して欲しいという意味だったが、「……不逞不遜《ふていふそん》の行為は断じて容認し難く当山口組は永遠に一切の関係を断絶するものであります……」と書かれてあり、文章がどうこうより内容がきつ過ぎると思った。

「大丈夫ですか、こんなん出して」

「中国道方面に判ってもらうのが狙いですわ」

広島の共政会《きようせい》や尾道《おのみち》・侠道会《きようどう》、岡山・浅野《あさの》組等を指すと思うが、現に一和会は共政会を訪ねて交流を打診していた。反山口組勢力と結託されては困るとの意図だったが、この義絶状が結局竹中さんの命を奪うことになる。

竹中さん本人は義絶状について「そこまでせんでええやろ」という意見で、一和会とは棲み分けながら共存すれば良いという考えだった。

日本のヤクザは「義理掛け」と言って、組織同士が、結縁の儀や、葬祭の儀、放免出所の祝いなどに金品を贈り合う習慣がある。非常に強固な慣《なら》わしで順位、序列がうるさい。

包み金の多寡もそれぞれの思惑に直結するので誠に難しく厄介なものだ。義理掛けを通じ相手の気持ちを察すると共に安全保障を計り、共存を目指す意味があり、組織にとって義理掛けは最も重視される公務と言える。

ところが驚くことに他国の組織犯罪集団には義理掛けの習慣がない。日本の組員は義理掛けの臨時徴収が大きな負担となり、義理掛けに苦しんでいると言うのに、他国に無いのが信じ難い。どうやってお互いの平和協定を確認しているのだろう。

日本では義理掛けを通じ組織として付き合うか、付き合わないかが決り、付き合わないことは即ち組織として認めないと言う意味になり、組織と認めないなら縄張りへの侵略は自由にやって良いことになる。当然常に抗争の危険をはらむ相手になる。逆に付き合いが濃ければ濃いほど、少々の間違いが起ってもお互いは話し合いで解決する覚悟を持っている。

広島はかって打越会《うちこし》が山口組を頼ったことが原因で「仁義なき戦い」のモデルとなった大抗争の地である。反山口組の橋頭堡《きょうとうほ》と言うべき地で、まさか彼の地のヤクザが一和会と言えど山口組出身の団体と縁を結ぶことは無かろうが、宅見さんはそれを気にしていた。宅見さんは一和会対策の一方で四代目親分にゴルフをさせようとして道具一式を送っている。部屋の中ばかりの生活では不健康だから屋外で大きく空気を吸うと気持ちが変ると進言した。

●ヤクザの実態を世に知らせる

私は山口組の顧問になってから益々ヤクザへの関心が高まりヤクザの何たるかを考え続けた。NHKスペシャルが八月に放映され大きな反響を呼ぶと、テレビだけではなく活字媒体でもヤクザの実態を世に知らせたいとの思いが強くなった。NHKプロデューサーの座間味さんが「それなら月刊誌の文藝春秋がいい。できるかどうか判らないけど私がつないであげる」と言ってくれた。その縁で公の出版物に私の意見が載ると言う、人生の大きな転機を迎えることになるのである。

当時私は雑誌、出版物に関心もなく月刊文藝春秋が何たるかがさっぱり判ってなかった。東京都千代田《ちよだ》区の文藝春秋で編集長の堤《つつみ》さんとお会いし、「ウチは日本のオピニオンリーダーだからさ」と言われた時は大層なことなんだとは思った。連日徹夜同然の突貫作業で大阪から原稿を送ったものの、堤さんから「山之内さんちょっと東京に来て」と言われた。私は原稿を書いて送ればそのまま掲載されると思っており何故東京に呼ばれるのか判らなかった。

簡単な打合せで済むと思いきや、文藝春秋に着いたその時から二泊三日の東京滞在になったのである。明日、明後日のこちらの予定は無視、半ば強制的である。

「この机使っていいから。キマちゃんが山之内さんの原稿直すから、キマちゃんと書き直して」

キマちゃんとは木俣正剛《きまたせいごう》氏のことで後に文藝春秋の編集長になり、株式会社文藝春秋の常務取締役になった人である。この時は黙々と仕事をする宇宙人のように見えた。

東京に呼ばれたのは要するに私の原稿が全く様になっていなかったからである。「てにをは」や段落もだめなら、「です」「ます」も入り乱れており、いたるところ主語が判らない。何より内容がひとりよがりで客観性が無い。斬新で面白いことが書いてあるとは思ってもらえたが、文章としては完全な落第だった。

弁護士は文章を書くのが仕事だが、客観性の視点からすれば駄目だと思う。この時初めて視点の客観性を教えてもらった。二泊三日文藝春秋編集部のデスクで私は木俣さんの指導を受けながら原稿を書き直した。

私が書きたかったのは何故人はヤクザになるのかということと、ヤクザはどんな人達で何をしているのかということだ。私の意見は昭和五九年（八四年）一一月一日発行、月刊文藝春秋一一月号に「山口組顧問弁護士の手記」として掲載され、後にいろんなところに引用された。

月刊文藝春秋の権威は五年後、私が日本ペンクラブに入会させてもらう時によく判った。入会に際し既刊の作品を二つ書くように言われたのだが、月刊文藝春秋の記事は、私のベストセラー『悲しきヒットマン』に勝るとも劣らない重みがあった。堤編集長が言っていた「日本のオピニオンリーダー」としての格をその時思い知ったのである。

●竹中組長襲撃の日

話が横道にそれた。もう一度戻すが八四年のことだ。若返った四代目山口組の勢いは増し、一和会は崩れて行った。組織を連合体としたのが失敗だが、それは頭でっかちの集まり故、連合体にせざるを得なかった面がある。一和会の内部では会長である山広の統率力のなさが崩壊の原因とする意見が台頭していく。特に山広子飼いの伊原《いはら》組組長が八五年一月、逃走中の韓国から突然引退宣言を出したことが、一和会における山広の致命傷となった。

そして一月二六日竹中正久組長は山広の配下によって中山若頭、南力《みなみつとむ》組員と共に吹田《すいた》のマンション玄関で襲撃の銃弾を受けた。ニュースで知った私はごった返す警察病院玄関先で茫然と岸本さんを見詰めていた。

「組員の皆さん、親分は手術中です……」

もはや取り返しはつかない。山広が身内から追い詰められてとった手段は越えてはならない一線を越えていた。

親分が撃たれた日、渡辺さんは親分をガードして姫路に送るつもりだったが、親分が女のところに行くというので遠慮した。親分と別れ神戸に帰って飲んでいた時、岸本本部長が迎えに来ている。岸本さんは真っ青な顔をして「親分が撃たれた」と言ったのである。三〇分で大阪の警察病院まで急行している。

宅見さんは事件の日、中山若頭の遺体を前にして渡辺さんに言っていた。

「腹くくってくれ」

「何のことや」

「兄弟しかおらん」

一方八五年一月二六日竹中殺しの日、一和会の有力組長自宅の様子はこうだった。組長は一週間前からほとんど自宅に詰めている若衆と会話を交わさず不機嫌に黙り込んでいた。

一月二六日の夜九時三〇分を少し過ぎた頃、突然組長が二階から大きな音を立て転がるように階下の応接室に飛び込んで来た。

「おい、ちょっと来い」

組長直属の組員が呼ばれた。

「おい、とうとうやったぞ。ざまあ見さらせ。これであのババアも思い知ったやろ。あー気がスウーッとしたわ」

「どうしたんですか」

「びっくりするなよ。今ミナミでウチの頭が、竹中と勝正と南力（なんりき。みなみっとむのことをそう呼びならわす）を襲撃しよった」

「頭が、でっか」

「そや竹中とるためにずっと動いとんね」

「えー、ウチの頭が……それにミナミでそんなことできまっか」

「おー、今電話が入ったんじゃ。竹中と勝正と南力のからだにきっちりタマ入れた言うとるわ」

「返しきまっせ」

「おう」

直ちに組では報復に備え警戒態勢が取られた。だが組長は報告の電話を早とちりして聞いており、若頭が撃ったというのは誤りであった。現場の襲撃班には加わっていない。襲撃したのは後に山広組組員長野修一《ながのしゆういち》、田辺豊記《たなべとよき》、長尾直美《ながおなおみ》、立花和夫《たちばなかずお》と判明。指揮を執ったのは山広組後藤栄治《ごとうえいじ》であり、これに悟道《ごどう》連合会会長石川裕雄《いしかわひろお》が加わっていた。

犯行現場も大阪ミナミではなく吹田のマンション一階ホールだった。竹中襲撃犯はかなり規模の大きな混成体で追跡をしており、四代目上層部は完全に油断していた。

第六章　暴力団の運命

●ヤクザ組織は長期政権が望ましい

宅見さんの五代目作りは竹中組長が死んだその日から始まっている。今度こそ山健を山口組の頭領にするという思いだ。本来なら山健は三代目亡き後、何の異論もない当然の四代目だった。宅見さんにすれば竹中組長でさえ亡き山健が可愛がってた故の身替わり四代目である。渡辺さんこそ山健の子なのだから今こそ何が何でも山口組の頭領にする。

中山組長の遺体を四国に運ぶフェリーの中で宅見さんは懸命に説得した。死を悼み喪に服すべきが普通だが、彼は燃えていた。加えて渡辺なら山口組を思い切り若返らせることができる。

ヤクザ組織は長期政権が望ましく組長は若いほど長期が期待できる。長期安定政権を前提にしないと若衆は長い懲役に行きにくい。組のための懲役は出所を待ってもらってこそ値打ちがあり、組が受刑中に消滅してしまうようでは人生は賭けられない。現実問題としても組長が年老いている場合はヒットマンで走る意欲は起らない。ヤクザ社会で組長とは年寄りの名誉職でなく、組員達の生活がかかった実務優先のリーダーである。

八五年二月五日中西一男が山口組四代目組長代行となり、渡辺芳則が若頭に就くという暫定態勢をとった。山広、竹中の時と同じである。その内実を宅見さんが話してくれた。

中西一男組長が「(組長と若頭も失った状態につき) このままではいかん。船頭無しではとてもやっていけん。どうやろ、ワシを組長代行ということで了解してもらえんやろか」と言い出した。宅見はすかさず口を挟んでいる。

「あんたが労をとって五代目を決めてくれるんか。そういう意味の代行と考えてええんか」

「ワシは裏方でええ。とにかくこのままではいかんということや」

「それやったら若頭を決めてくれますか」

中西組長が返事に窮し、五分間の休憩をとった。再開された組長会で宅見、岸本は強引に渡辺を若頭に決めてしまった。宅見は中西が五代目作りの裏方で良いと言ったのを言質を取ったものと解釈した。四代目の時と同様、代行は五代目にならず、頭が最有力というつもりだ。

入院中のフミ子姐さんに報告すると姐さんは「またか。代行と若頭やったらモメるんと違うんか。なんで代行と若頭にしたんや」と言った。

宅見が弁解する。

「姐さん大丈夫です。中西からはダメとってますがな。裏方になって自分は五代目にならなん言うてます」

「今度は、私は知らんよ」

「よお判ってます」

姐さんは山口組が分裂した後、山口組との絶縁宣言前にも、一度テレビのインタビューに答えている。何故竹中組長を選んだのですかとの問いに次のように言っていた。

「何事にもケジメのつけられる男やからね。問題が起って、こうしたら、ああしたらいうてるうちに物事が大きなるからね。竹中はそういうケジメのつけ方を知ってる。お父ちゃんが竹中をこうてたのも、そういう点と違いますか」

姐さんは八四年暮から肝硬変が悪化し京都八幡《やわた》病院に入院していたところ、翌年一月竹中射殺事件が起った。

私は宅見さんに連れられて八幡病院のフミ子姐さんを見舞ったことがある。山口組と絶縁宣言していたが宅見さんは交流していた。そして彼は自分の人脈の中に私を組み込むため姐さんとも会わせてくれた。

ドキドキしながら伝説の人に会った。お会いすると非常に小柄で痩せておられた。吹けば飛ぶようなこの老女が世に恐れられる男達に尊敬されていたのかと思うと、えも言えない感動があった。ギャップが大きすぎる。

田岡親分が稼業上の子供とした若衆達を、実の子のように愛そうとした人、一度使ったサランラップを洗って二度使いするような人、上も下も平等に対等に接しようとした人。姐さんは言った。

「宅見から聞いてます。ウチのもんが世話になってるそうで」

ただ二言目に、

「山広があんなことしてな。竹中に可哀想なことした。ウチが竹中に継がせたばっかりになあ……」

四代目暗殺は相当ショックだったようで、かなり御自分を責めておられるように見えた。初対面の私に対しても普通に気さくにお話しして下さった。

さて八五年二月五日の組長会で渡辺を五代目に推すと意思表示をした宅見であるが、それにしても四代目作り、五代目作りと火中に飛び込む性《さが》のある人だ。

宅見さん本人が言っていた。

「組が平和な時はワシは必要のない人間です」

「四代目の時はワシと岸本でやったけど、五代目はこれに野上が加わった」

「山口組にとって大抗争は一〇年に一回起るのが丁度ええ。抗争が無いと皆んな、だらけて組の規律が緩む。一〇年に一回やったら、それ位のお金は何とかなります」

「男の仕事で命がかかるのはヤクザしかない。命がけや、それがええ」

そういう考えの人であるのは良いとしても少々強引で油断し過ぎだ。義絶状を作りながら反動を深く考えず、四代目の警備も薄すぎた。自身が殺された時も中野会がそれほど恨みを持っていると思わず、命を狙われ追跡されている等考えてもいない。

私は竹中さんが殺された時はかなりショックで、ヤクザの残忍さを初めて思い知らされた。落ち込みもしたし、嫌悪も感じたがやめたいとは思わなかった。やるべき仕事があった。

●山口組の財産保有会社

山口組は神戸に本部やガレージ等不動産を所有しており、これらの所有権は実質直参組長達の共有物である。それぞれが出資割合を持っているので、山口組を出た人には出資金を返金しなければならない。現に山広組、加茂田組からは返してくれと要求されていた。

財産保有会社の社長である桂木正夫《かつらぎまさお》さんと顧問弁護士の私とで返金業務をやっていたので

ある。

ちなみに私の顧問料は東洋信用実業株式会社という名のこの会社から毎月源泉徴収されて振り込まれていた。ヤクザ組織が組員からお金を集めるのも大変だが、返金するのも楽ではない。とにかく抗争中なので会社の窓は防弾仕様だし、下手にこじれると銃弾が撃ち込まれる。最初は返還要求して来る一和会組員を個別に相手にしていたが、あまりに大変なので途中で一和会側にも弁護士さんに入ってもらい、一括して返金する方法に変えた。

私が山口組とかかわったのは宅見さんの引きであり、人脈も宅見さんのそれを色濃く受け継いでいる。つまり宅見さんの次に親しいのは岸本さんであり、織田譲二さんである。

その親しい譲二さんがこともあろうに抗争中の八五年、ハワイでパクられた。日本中を騒がせた「山口組ハワイ事件」、その大報道が始まる前日九月三日、宅見さんから電話があった。

「変な知らせが入ったんやけど、譲二さんとマーシ（竹中正《まさし》、四代目の弟）がハワイで逮捕されたと言うとる」

「え、何ですかそれ。ハワイって、あの海に浮かんでるハワイですか」

「うん。武器や麻薬や言うとるな。譲二さんに限ってそれは絶対無いがな」

ハワイはアメリカだ。よくぞヤクザにビザが出たな（当時はビザが必要）。信じ難い話ではあったが蓋《ふた》が開いてみると翌日から日米挙げての大報道が始まった。

竹中正は兄正久のカタキを討たんとして大量の武器をハワイから日本に持ち込もうとし、そのバーター取引として一〇〇億円以上の覚せい剤やヘロインを米国に密輸しようとして逮捕された。香港では現に竹中の手の者が覚せい剤一〇・五キロ、ヘロイン四・五キロと共に現行犯で捕えられている。

なんとも出来すぎた話だ。

宅見さんは病気持ちの譲二さんの体が心配でならない。「先生ハワイに行って下さい」となり、私は翌日着の身着のままでハワイに飛ばされた。着いてみると報道人だらけで、現地ハワイでは過去に例のない大報道になっていた。米連邦麻薬取締局（ＤＥＡ）が日本のザ・ヤクザ山口組をターゲットに大々的におとり捜査を仕掛けた事件で、米国司法省長官が誇らしげに声明を発表している。

「この度の日本の、組織犯罪集団の最高レベルにある三名の逮捕は、我が国麻薬取締における捜査能力の優秀さを示すものであり、極東アジアにおける、捜査官達の練達した努力と、訓練のたまものである。我が連邦麻薬取締官達は集中的かつ専門的にこの犯罪を摘発し、この捜査は国際的規模で行われた。香港王立警察当局の協力を得たほか、我が国においては連邦捜査局（ＦＢＩ）、米税関当局、米陸軍犯罪捜査局等大規模な協力を得て為されたもので、この成果は、近年米西海岸における国際麻薬取引において、日本のヤクザが進出していることに決定的な打撃を与えた。日本の組織暴力はこれにこりて今後我が国への進出を断念するであろう」

ホノルル刑務所で面会を待っていると竹中正さんが先に入ってきた。事の重大性を理解しておらずのんきな雰囲気だ。

「こっちは取調べがあらへん。捕まった次の日からテレビ見てるがな。先生こっちの拘置所はええなあ。食い物が豪勢やがな、食後にデザートが出てくる」

「大丈夫ですか。えらい騒ぎになってますよ」

「なんやな先生、日本でもこれ報道しよんかいな」

「してる、してる。しまくってるがな。懲役八〇年とか、一生日本に帰れんとか、大騒ぎしてますよ」

「嫌らしいこと言うなー、あんた、こんな遠いところまで来て」

織田さんは、

「いやー先生、すいません。本当に申し訳ない。織田譲二痛み入ります。警察に押収された荷物に薬が入っているんです。何とかならないですかね」

「宅見さんが譲二さんに限って、麻薬や武器なんて絶対有り得ないと言ってましたけど」

「私にも何が何やらさっぱり判らん」

「九月二日のビデオテープがあるらしいですよ」

「そうですか、それは助かった」

捜査当局はビデオテープで犯罪は証明されると主張している。全く二人の思いと逆で、どちらが真実かさっぱり判らない。米国のおとり捜査という手法を初めて知ったが、事件の全容が判れば判るほど、あまりにもあほらしい事件だった。アメリカという国はよくぞこんなバカ気たことに大金を投じるものだ。

日本では想像もできないが、組織犯罪を検挙するため、おとりの人間が狙ったターゲットを犯罪に誘い込むというやり方だ。その実行に要する費用は国から出る。しかし誘い込む人間は当然犯罪組織から憎まれ報復される恐れがあるため、国の予算でおとりをかくまったり逃がしたりする。

この事件のおとり捜査では竹中が四代目暗殺の報復に出るに違いないとシナリオが書か

れており、武器を買うだろう、山広を殺そうとするだろうという設定で会話が秘密録画された。竹中さんはガンビーノ一家（実は捜査員）から「ガンやロケットランチャーの代金を払え」とか、「山広を殺すためのヒットマンが既に米国から日本に入っているので五万ドル（当時のレートで千二百万円）払え」とか言われていた。竹中、織田の英語が充分ではなく会話として成り立っていないのに犯罪が成立したことにされた（米国では謀議罪と言って会話だけで犯罪は成立する）。この山口組ハワイ事件では二億円の米国国家予算が使われているが、その背景事情は次のようなことだった。

●山口組ハワイ事件

八五年は米国にとって対日貿易赤字が史上最高の四五億七千万ドルに達し、米国の財政赤字も空前の二千三〇億ドルを記録し、銀行倒産が一〇〇件に及んだ。対日感情は日増しに悪化の一途を辿り、この頃「リメンバーパールハーバー」が声高に叫ばれるに至っていた。

折も折日本企業だけではなくヤクザまでが米国に進出し始めたとのことで、八五年のＦＢＩ報告書によれば、日本のヤクザは六〇年代後半にホノルルに渡米、観光事業に手を伸ばした後、七〇年代後半にはカリフォルニア州に進出、八〇年代になってネバダ、コロラド両州やニューヨーク市に乗り込んできた、となっている。さらにザ・ヤクザは構成員数一一万人、団対数二千五百に達し世界最大の組織犯罪集団である。その七大組織の頂点が山口組であり、米国内では銃器、麻薬、ポルノ類を始め、ハワイ、カリフォルニアなどで水面下の活動が活発になっている。

憎むべき日本企業と同じ卑怯なやり方で米国の断ち難い麻薬渦の片棒を担ぎ市民社会を食い荒らさんとしている、とＦＢＩの報告書に記されている。

日本では非常に有名でありながら日本国が決して壊滅に追いやることのできない世界最大の山口組を、正義のアメリカが日本に代わって捕まえてやろうじゃないか、と言うのがこの山口組ハワイ事件である。アンダーカバーと言っておとりになった人物は元プロレスラーのヒロ佐々木と言う日本人だ。本名を空中恒夫《そらなかつねお》という。月刊現代で佐々木がインタビューに答えている。

「ボクはけっして正義漢ではない。自分でワルだと思ってる。ハワイでプロレスラーになってからも悪役一筋のリング生活で押し通した。ワルの部分が無いと、ＤＥＡ（米連邦麻薬取締局）のアンダーカバー（おとり捜査の手先）など務まらない」

何故アンバーカバーをやっているかについては、「おとりとして先行して行く時の快感とスリルのためやな」と答えている。

佐々木は日本に潜入しツテを辿って竹中正に辿りついた。マイケル・ジャクソンの公演をプロモートしないかと言う話で近づいている。佐々木の言葉だ。

「竹中さん大丈夫です。マイケルの事務所はロスにあるんですわ。私はマネージャーに強いコネを持つ男と親しいんです。ジョー・マヨいうやつです」

竹中が「ワシはアメリカには行けん。三年前ビザの申請したけど、おりなんだ」と言うと、佐々木は、

「ワシに任せて下さい。マンスフィールド駐日大使とツーカーの仲です。ハワイ州知事の息子ジョー・アリヨシとも友達ですねん。私が竹中さんのビザを取ります」

八五年五月竹中正は初めてハワイに飛び、メインランドにまで連れて行ってもらった。考えられないことだったので佐々木の力に感激してしまった。ＦＢＩ、ＤＥＡ、税関、入管等全ての国家機関が協力して日本のヤクザを招き入れているのだ。空港の検査は全てスルー、ホノルルで紹介されたガンビーノ一家若頭のボビー（実はロバート・アイウ連邦麻薬取締局捜査官）など、メインランドに渡る飛行機の中でガンを携行していた。

「なんとまあ、アメリカはマフィアがけん銃持って飛行機に乗りよる」と、竹中はこのことに一番感動してしまった。

佐々木が言う。

「山口組のメンバーを是非ハワイに連れてきて欲しい。今度、リー一家の結成二五周年記念パーティーをホノルルでやるんです」

八五年八月中頃、いよいよ米国連邦麻薬取締局の壮大な逮捕計画は詰めを迎えていた。日米経済摩擦で反日感情の強い昨今、日本の警察が断固壊滅を目指して苦節数十年、血のにじむ努力をしても決して実現することのできなかった悲願、日本最大の広域暴力団山口組のトップ連中を、今ここに米捜査当局の手で一網打尽にしようとする。何と小気味よいセンセーショナルな作戦であろうか。

驕り高ぶる小金持ちニッポン人の、商売人的卑屈性を今こそ叩きのめし、誇りある米国の伝統に支えられた不屈の正義魂が、小賢《こざか》しい日本人のコンニャクのような脳ミソに鉄槌《てっつい》を下す時がとうとう来た。

さあ、あの山口組を、世界に冠たるＤＥＡが……、そうＤＥＡと言えばある時はかの〝ゴールデン・トライアングル〟で麻薬王クンサーとの度重なる戦闘を交え、ある時は中南米のコカイン・ルートの掃討に数々の戦果を収め、全世界にその捜査網を張り巡らした、そう、あの有名なＤＥＡが今こそ日本を叩きのめして目にもの見せるのだ。

おおよそそういう感じの作戦である。

おとり捜査のネタに使われたロケット・ランチャーによる山広邸襲撃は兵庫県警に情報として上っていた。

●ロケット攻撃に備える

兵庫県警が山広邸付近の地図を情報提供者から入手したところ、その地図上には発射位置と発射方向が克明に記されていた。八月一五日県警は、山広邸から半径二〇〇メートル以内にあるマンションや大阪国税局の寮など八ヶ所をピックアップし、特に山広邸の真北八〇メートルの高台に建つ『メゾン御影《みかげ》』を最重要警備拠点と想定し、付近住民に緊急避難を要請、住民は親類宅に身を寄せるなどの地域脱出を行った。県警は覆面パトカー三台を配置、各所に四人の遊撃班を待機させ、八〇人の警官を動員した。

山広邸もまたこの情報に自衛手段を講じ、邸周囲に六メートルの鉄製パイプを縦に組み、そこにゴルフ練習場に使われるような防御ネットを張り巡らしたうえ、玄関には上部にのぞき穴をあけた高さ約二メートルの鉄板を設置し、家周辺を多数の組員で二四時間厳戒守備体制を固める態勢をとった。

おとり捜査のための作り話に出てくるロケット攻撃に備えたもので、元々が嘘っぱちだ。佐々木が情報を流したと考えられるが、いずれにしても日本の迷惑をかえりみない、いい加減な作戦である。

パーティーの招待状は山口組の幹部全員に宛てて送られた。そしてこの話に乗ったのが織田譲二さんである。米国に入国できる等、考えられないことなので本当なら是非行きたいと思ってしまった。譲二さんは八五年九月から八六年四月二一日の無罪評決までホノルル刑務所で暮すことになるが、中身は本当に信じられないくらいあほらしい事件である。無罪評決の理由は記者会見で明らかになっている。次のようなものだ。

陪審員団長マクレイン氏。

「やはり私達にとって一番ショックだったのは、DEAがこのおとり捜査で莫大な金を浪費したということです。そして金を使っただけの内容が無かった。ビデオにしても会話録音にしても質が悪くてとても見られたものじゃない。捜査側は『ドッキリ・カメラ』でも研究するべきだね。あれでは証拠物件にはならない」

「検察側証人のヒロ佐々木にしても詐欺師同様の人物で、全く（証言は）信用できなかった。金のためなら何でもやるという印象を受けた」

ラベズさん（二五歳、女性）。

「私があきれたのはＤＥＡの捜査官が、被告らを連日連夜、最高級のレストランに招待し高価なワインを何本も飲ませて国民の税金を浪費したということでした。私が行きたくても行けないレストランばかりなんです。ヤクザを日本から連れてくるぐらいなら、私を招待して欲しかったぐらいだわ。ＤＥＡは今後もっとおとり捜査の方法を研究した方が良いと思う」

無罪にした理由も、まあ、庶民的なものだ。ただ織田さんは陪審員による評決を受ける一週間前、人生の評決を受けていた。

「アイム、ソーリー、ユアライフ、ウィルビーオーバー、デュアリング、シックスマンス」

拘置中ガンが発見され既に末期だった。譲二さんは私に言った。

「先生、誰にも言わないで。山口組の者に言っちゃあいけない、心配するから。でもドクターが言うんだ。アイムソーリーって。お医者さんが謝る必要ないのにねえ」

強い人だった。日本に帰国して四ヶ月後の八月一九日に亡くなっている。宅見さんにも織田さんが死ぬとは伝えなかった。譲二さんは竹中四代目を作った陰の功労者である。

●大阪弁護士会の懲戒委員会

私は八六年五月大阪弁護士会の懲戒委員会にかけられた。ハワイ事件でテレビ、雑誌に再三登場し山口組顧問弁護士として全国に名が知れ渡ったからである。長野県の人が「山口組顧問弁護士という人がいます。処分して下さい」と、投書のような簡単な懲戒申立書を大阪弁護士会に郵送してきた。これを弁護士会がまともに取り上げた。弁護士が暴力団の顧問をするのはおかしいとの思いがあったのだろう。私には弁明の機会が与えられたが、その通りなので弁解はしなかった。だからテーマはズバリ「山口組の顧問弁護士はいいのか、悪いのか」である。

過去に豊田《とよだ》商事という金への投資をネタにして日本中の老人を被害に巻き込んだ巨大詐欺事件があり、その豊田商事の顧問弁護士が処分された例がある。それと同じに考えていいのか、私のどの部分が処分に値するのかというところだ。

私にすればヤクザに対する法の運用は歪められており、弁護士なら本来そんな分野にこそ身を挺するべきではないか、社会の少数派に目を向ける視点は弁護士にとって大切なものだという思いがある。一方世間では悪知恵を授け、法の抜け道を指南して巨額の報酬をもらっているに違いないと思われている。また私の心に山口組の名を借りて有名になりたいとの根性が確かにあったし、弁護士会とすれば暴力団の尻馬に乗って有名になりやがってというやっかみがあった。

はたして結論はというと、「山口組顧問弁護士を標榜《ひょうぼう》」しているのが処罰に値する。よって「訓戒に処す」という判断だった。顧問弁護士をしているのがいけないのではなく、私が何か悪いことをしていると認定した訳でもなく、山口組の名を使って山口組顧問弁護士と称してマスコミに出ているのが良くないということである。判るような判らないような結果だったが、以後私は「顧問弁護士」と名乗らず「元顧問弁護士」と名乗ることにした。

そして処罰以後は益々メディアに露出することが多くなっていく。山口組元顧問弁護士という肩書でも充分通用しており、現顧問である必要など全然なかった。変なことだがそれだけ山口組という名が大きいのだろう。

●山一抗争の結末

山一抗争は二五人の死者を出し三年後の八七年二月、双方の抗争終結宣言で一区切りがついた。だが不言実行、信賞必罰のスローガンを掲げ闘った五代目への道は決して一本道ではなかった。終結宣言までに二回和解話が持ち上がったがいずれも射殺事件が発生してブチ壊しになっている。

宅見さんと岸本さんが抗争中に勝ちを確信したのは、加茂田組の若頭飯田《いいだ》時雄《ときお》が組をやめた時だと言っていた。たまたま飯田さんは私も良く知っていて、山一抗争中でも雑談する間柄だった。飯田さんに正面切って「四代目暗殺の別働隊として動いていたんですか」と聞いたことは無いが、本人は岸本さんを狙っていたとは言っていた。

一方宅見組の若頭入江さん（現二代目宅見組組長、神戸山口組副組長）は飯田さんを狙っていて、ミナミで一回絶好の殺害チャンスがあったのに逃したことがあるそうだ。当時は皆がお互い命を狙い合っていた。今回の六代目山口組と神戸山口組の分裂とはかなり違う。

抗争終結宣言を双方が出したにもかかわらず、山口組と一和会には共存の道が無かった。その年の内に抗争は再発し、翌八八年五月安東美樹他竹中組組員が山広会長邸を爆弾で襲撃し、警官三人を銃撃した。あくまで山広殺害を狙う竹中武の執着は一和会を大きく揺さぶり、この事件をきっかけに一和会の内部崩壊が始まっていったのだ。

宅見さんは渡辺以外の五代目は全く考えていないが簡単には行かなかった。八九年二月竹中武が若頭補佐として執行部に昇格して来てやっかいになった。信賞必罰を言葉通りに解釈するなら五代目候補は圧倒的に竹中武ということになる。竹中に次ぐのは名古屋弘道会の司忍（現六代目組長）だ。竹中武の若頭補佐への入閣は非常に重みがあった。しかし武も司も五代目に意欲を見せていないということになっていた。

渡辺さんが本気で五代目を取ると決意したのは八八年一一月である。武が頭補佐として上ってきたのはその三ヶ月後のこと。武ははっきりと「四代目の仇を取ったものが五代目や」と公言してはばからなかった。渡辺に対しては「頭が五代目やってくれたらええ」と言ってはいるものの、渡辺のすることなすこと何かにつけ反対した。

八九年三月一六日渡辺は山広の引退を取り付け、一九日遂に山広は解散届を兵庫県警に出した。その夜の一一時ころ武は渡辺に電話をしてきており、渡辺はこの電話を録音した。竹中の電話は渡辺を慰労し、渡辺の五代目を承認するという話ではなかった。不平、不満、悪口の限りを、言いたいだけ言ったという。

その後渡辺は覚悟を決め武に直接会った。

「俺は五代目をやるぞ。横浜（益田）が継ぐような話も出よるが絶対に阻止する。邪魔なもんならどんな石でも動かす。誰にも邪魔はさせへんぞ」

三月二七日中西代行と渡辺若頭が五代目に立候補したが、中西さんの五代目への執着はあっさりしたものだった。簡単に周りの説得を入れ「五代目は頭になってもらいたい」と渡辺に言った。ただ条件が一つあった。

「宅見だけは若頭にせんといてくれ」というものだ。これを伝え聞いた宅見は了承して執行部に入らなくて良いと思った。ところが渡辺さんは五代目になってしまうと平気で宅見を若頭にした。

中西さんがどう言うかと思いきや、こちらも態度が一変して何の異議も言わなかった。若頭をどうするかは代をとった者の専権事項だ。六代目の髙山若頭も岸本さんは反対だったが司さんは意に介せず実行した。中西さんは物の判った世渡りの上手な人である。無駄なことはしない。

肩透かしを食らって裏切られたと思ったのは武さんだ。中西さんは武を五代目に押す素振りを見せていた。正面切って武を担がれたら実績があるだけに難しいことになっていた。

一時はどうなるかと思う場面もあったが無事渡辺五代目は誕生し、竹中組が山口組から離脱するという経緯をたどった。そして考えられないことだが山口組による竹中組への攻撃と発砲が続くのである。

ただ後に渡辺さんは「過去のことは水に流して武にはそれなりのことをしたい」と言っていた。私はその後の武さんと何回も会ったが、山口組に帰りたいとの思いがあったように見る。山口組の動向に敏感で何でも知っており溝口敦さんに情報を提供し続けていた。

●『悲しきヒットマン』の出版

私は八七年から『悲しきヒットマン』の執筆にとりかかっている。山一抗争の実相を残しておきたいとの思いと、ヒットマンで走る人間の気持ちを代弁してやりたいとの思いからだ。

選んだモデルはあえて失敗したヒットマンとした。殺害等の結果を出せなかった組員である。殺る気は人一倍ありながら結局相手にダメージを与えることができず懲役に行っただけという組員だ。その方が人間が描けると思った。名のある人の話を書く気は最初から無かった。

一年間かけて書き上げ八八年に出版したところ、全く私の予想に反し発売直後から世間の話題にのぼり、瞬く間にベストセラーとなった。いち早く東映が映画化したいと言ってきて、とんとん拍子に企画は進んだ。八九年に映画「悲しきヒットマン」は公開されている。本に続き映画もヒットし私の小説と映画によって、日本に「ヒットマン」という言葉が残った。それまでは鉄砲玉と言ったのである。これからも使われるであろうが、ヒットマンという言葉は私が日本に残したと言って良い。

映画の公開に合わせ私は三浦友和《みうらともかず》さんと共に東京丸《まる》の内《うち》東映（当時）を皮切りに、日本全国おもな映画館の初日舞台挨拶に回っている。銀座《ぎんざ》の東映本社には何度も行ったがある時、岡田茂《おかだしげる》社長がわざわざ私に会いたいとおっしゃった。一人で社長室に入ったが長い話だった。

かって田岡親分とは「兄弟分」と呼ばれるほど密な付き合いをされた岡田社長が、昔のことを一杯話してくれた。田岡以来山口組と東映の関係は長い間、途絶えている。たまたま私の作品で再びつながりができたので、岡田社長にすれば「久々に山口組から若いのが東映に来た」みたいな感じだった。

岡田さんはかって田岡一雄組長をモデルにし、高倉健《たかくらけん》が田岡を演じた、その名もずばり

「山口組三代目」という映画を作って大ヒットさせている。当然続編を作ろうとしたところ兵庫県警が警視庁の応援を得て東映本社他六ヶ所にガサをかけた。

暴力団組長の名前そのままの映画を作るとはふざけていると言ったところだ。今では組の名前と人物をそのまま映画にするなど全く考えられない。岡田社長はその時の苦労話や、美空《みそら》ひばりと小林旭《こばやしあきら》が離婚する時の話など、よほど懐かしいのか延々とお話しされた。ひばりの離婚に田岡が出て来て小林旭にグチグチ文句を言ったそうで、「三代もケツの穴が小さい」とおっしゃった。岡田さんは田岡親分のことを「三代」と呼んでいた。

田岡が力道山《りきどうざん》の横暴さにお灸《きゅう》をすえるため力道山を呼びつけて説教したことがあったんだそうな。岡田社長が田岡の言葉を再現する。

「ところであんた、カラテチョップとやらが上手だそうだな。ちょっと俺にやってくれんか。さあやってみな」（本当は関西弁なのだが岡田社長はそう言った）。田岡の横に控えている山健の懐に二丁けん銃が丸見えではみ出していたとのこと。

岡田社長が田岡組長にスーツをプレゼントしたら「人から物はもらわん」と言ってひと悶着《もんちゃく》起き、徳間康快《とくまやすよし》が仲裁に入って和解したことがある。岡田茂と徳間康快は大の仲良しで、「山口組三代目」は原作の『田岡一雄自伝』を徳間がやり、映画化の「山口組三代目」を東映でやったと言ういきさつがある。岡田、徳間、田岡といずれも日本の魑魅魍魎《ちみもうりょう》と言うべき濃い役者ばかりで想像するだけで委縮してしまう。

岡田社長は最後におっしゃった。

「山之内さん。これをきっかけにまた東映と付き合って下さい。山口組の映画を作りましょう」

私は嬉《うれ》しくなって早速宅見さんに報告、宅見さんも喜んでくれ、「悲しきヒットマン」の初日は東京で見てもらった。舞台挨拶壇上での私の口上を聞いて宅見さんが「先生、達者やなあ。こっちの方が向いてるなあ」と言った。

宅見さんは私の収入の面倒を見ようとしてくれたのだが、私は全く違う方向に歩み出していた。作品と映画をきっかけに多くのマスコミに出た。「悲しきヒットマン」というタイトルは広く覚えられ、私の名前と顔も人に知られた。街を歩いてジロジロ見られたり知らない人から声を掛けられるまでに至った。

●映画「激動の1750日」

ところで私の「悲しきヒットマン」は東映の大プロデューサーとして大変有名な俊藤浩《しゅんどうこう》

滋《じ》さんがプロデュースをしている。俊藤さんはヒットマンの撮影中から「山之内さん、この次は渡辺さんの五代目作りをやろう」と強力に言ってきた。山口組分裂、竹中暗殺、山一抗争そして五代目への道のりは是非映画化すべきだとの意見だ。

確かに山口組にとっての激動期でドラマチックには違いない。岡田社長からの直々の命令だそうで、俊藤さんが言う。

「山之内さん、プロデューサーになって」

「えっ！　何をするんですか」

「渡辺さんや宅見さんを説得して取りまとめて下さい」

「はあー」

この頃私は渡辺さんのゴルフ場傷害事件の弁護人もしており渡辺さんともかなり親しくなっていた。映画に協力してくれるとは思う。

山口組にとってマスメディアに出るか出ないかは常に議論されるところだ。いかに本当のことを言っても報道する時は色が付けられるので、田岡親分などはインタビューに応じなかった。竹中四代目は私が音頭を取りＮＨＫスペシャルに出てもらったがほとんど喋っていない。

宅見さんともよく議論したテーマで「ヤクザは名を売ってなんぼ」の商売だから、ヤクザ側の意向が反映されるなら出た方が良いというのが二人の結論だ。テレビのインタビューは人柄や考え方が直に出るので下手をするとボロが出る。そうでなくても加茂田さんの「うちはやります。来たらやります」のように、言いすぎると首を絞める結果になりかねない。飯田さんはあれで追い詰められた。できれば小説や映画の方が良い。

その方針の元、渡辺、宅見、岸本三人の映画を東映で作ることにした。中井貴一《なかいきいち》主演「激動の1750日」である。最初から最後まで私がかかわっている。道中、組の方から俳優を代えて欲しいとかタイトルを変えてくれとかいろいろあった。随分気を遣って何とか完成にいたり全国公開にこぎつけたのだ。

私のプロデューサー報酬は三〇〇万円だったが、全て映画のチケットを買って、山口組全組員に配った。

東映との縁を大切にしたいと思った私は五代目継承式の記念ビデオを俊藤プロデューサーに作ってもらうことにした。だから五代目継承式ビデオは私が制作した作品である。八九年七月二〇日、式当日私は未明から神戸の山口組本家に乗り込み忙しく段取りしていた。それでも進行準備に不手際があったためビデオの中に一部私自身が映り込んでしまった。

編集で切れない大事な場面に映っている。山口組五代目継承式のビデオ制作を弁護士がやっていると知れたら、弁護士会からどんな処分を受けただろうか。下手をすると資格剝奪《はくだつ》もあった。弁護士の品位を落とすけしからん奴ということになる。

ジャーナリストの溝口敦さんを山口組に紹介したのも私である。最初は良かったが、渡辺さんと感性が合わず後に不幸なことになってしまった。私は山口組執行部から責められ溝口さんに、渡辺攻撃の筆を緩めて欲しいとお願いもしたが、どうすることもできなかった。溝口さんへの傷害を阻止できなかったことを後悔している。

私の作品である「五代目継承式」ビデオをＴＢＳが無断でテレビに流すと言う事件があった。ニュース23でスクープと称し、勝手に映像を放映したのである。継承式ビデオは山口組が著作権を持っており勝手に使うのはどう見ても著作権侵害だ。プロデューサーの私としては良識ある報道番組なのに「それはないだろう」と思って、ＴＢＳ相手に裁判を起した。すると予想外に山口組が敗訴したのである。公の利益のため流用は違法でないという判断で、裁判所も御都合主義のいい加減なものだと思った。

●ヤクザの仕事を続けたければ

私が山口組四〇年間を見た中で最も隆盛を謳歌《おうか》したのが渡辺五代目前半の時期である。渡辺さんの組員拡大政策で山口組は三万人にまで膨張した。人数が多ければ多いほど一人当たりのリスク負担は分散されるという考えだ。

時期も良かった。日本経済は渡辺さんが五代目を継いだ八九年にバブルの頂点を迎えている。有力な親分は皆、金を持っていた。不動産の地上げで儲けたのである。この頃の地価は東京山手線内の土地の価格でアメリカ全土が買えるほど値上りした。

特に宅見さんなどその権化のような変り身の早さだ。ある時はフィクサー、ある時は山口組組長作りのプロデューサー、ある時は軍参謀、そしてある時は地上げの総元締めである。地上げ屋さんが宅見さんの元に集結し金、金、金の大乱舞だ。それは爽快《そうかい》だった。ただし私は絶対お金には近寄らなかった。

これだけははっきりと言える。ヤクザの仕事を続けたければ絶対お金に近づいてはならない。必ず大失敗する。田中森一《たなかもりかず》先生も宅見さんと親しく付き合われたがお金に近づきすぎたと思う。

私と親しかった岸本さんも全く同じ考えである。

「金は人の恨みを買う。絶対に近づいたらあかん。ワシが四代目の本部長から宅見が殺された後も永々と若頭兼、総本部長をやってきたのはお金に近寄らんかったからや。神戸で宅見が撃たれた時、ワシは横に座っとった。撃たれながらワシを狙ってないことがはっきり判った。ワシは殺されへんと感じた。恨みを買うてないからや。先生お金はいかん」

岸本さんは五代目誕生後に皆から二千万円ずつ合計二四億円集めたお金を、皆に返してやりたいとずっと思っていた。しかし果たせぬまま引退した。

バブル絶頂期の五代目には金が潤沢にあり抗争資金に事欠くことが無かった。そして山一抗争での大勝利で味をしめ、改めて「暴力団は力なり」をまざまざと自覚した。ヤクザは人を殺やめてなんぼの人気商売である。イケイケ、やれやれの戦勝暴力ムードはあっという間に日本中を暴力団抗争の嵐に巻き込んだ。

八九年の「みちのく抗争」、竹中組への襲撃発砲、九〇年「札幌戦争」「八王子戦争」「山波抗争」。あちこちで銃弾が乱れ飛んだ。弘道会と波谷組の山波抗争ではNTT職員の男性が巻き添えで射殺されている。

「先生、親父がまいってもとるんですわ」

宅見さんから電話。一般人を殺してしまったことで渡辺さんが悩み、落ち込んでいるという。

「相手の方に香典を持って行ってもらえませんか。新券で一千万用意してます」

なんと、間違いで殺したカタギに一千万円届けてくれとのことだ。殺したその夜のことである。さあて困った。よりによって暴力団同士の喧嘩のとばっちりで誤射殺した相手に金を持って行くとは飛び切り嫌な仕事だ。金で済まそうとしているようにとられるが、そんなことは許される訳が無い。全く気が乗らないが宅見さんや渡辺さんのためならできることはしてあげたい。とりあえず大阪府警に断りを入れた。

「NTTの職員の方に香典を届けたいんです。とりあえず大阪府警にお知らせしておきます」

「誰が言うとるんでっか」

「宅見さんです」

「香典なんかより、犯人を出すのが先とちゃうんでっか」

おっしゃる通り。それでも私は花と現金一千万円を持って通夜の場所に行った。「山口組から来ました」と告げたら大変驚かれた。お金は受け取ってもらえず、御遺体に手を合わすことも拒否され、頭ばかり下げて引き返してきた。遺族の方はこの時の渡辺さんの意向を知り、後に損害賠償請求の裁判を起された。そしてこれが「使用者責任」の理論に発展して行った。

●暴対法の狙いとは

五代目誕生の頃は結束も強く皆がやる気満々だった。宅見さんは渡辺さんに「五年間は口を出さずに見ておいてくれ。一〇年たったら後継者作りを考えてくれ」と言っていた。順風満帆の船出に違いないがしかしそれはおごりでもあった。

私は暴対法ができた理由の一つは山一抗争とそれに続く抗争多発がきっかけだと思っている。二つ目はヤクザが民事介入暴力の分野にしのぎの手を広げ過ぎたのがいけなかったと思う。

山口組では暴対法の勉強会もやっていて私は講師として直参の皆さんに解説した。実のところ私にも判りにくく、新しい法律でヤクザの組織が無くなってしまうのか、大きな脅威になるのか、それとも心配するほどのことは無いのか。法案骨子を読んでも意図が測りかねた。

私の理解するところでは暴対法の狙いは民事介入暴力（暴力的要求行為と言う）を警察

がコントロールしようとする法律だ。

どのようなことが暴対法で定める暴力的要求行為かと言うと、口止め料の要求、寄付・賛助金の要求、下請け仕事を回せとの要求、みかじめ料・用心棒料の要求、日用品を買えとの要求、高金利を払えとの要求、債権取立行為、借金免除の要求他、地上げや示談屋、占有屋等が要求行為として定められた。

その後追加され国や行政庁に対する行政対象暴力（例えば産業廃棄物の許認可を求める行為から生活保護の受給を要求することまで多様な手口がある）も加えられあらゆる不当要求行為が規制の対象となった。但しそのいずれも組の威力を背景にした場合に限っている。

日本のヤクザは知能暴力を重要なしのぎにして民間に食い込み、時として一般人にまで暴力を振う。知能暴力に特化した法律を作ったのはヤクザのそういう活動が市民の脅威となったからだ。バクチとシャブだけを商売にしていたらそこまで言わないということでもある。特に民事介入暴力に絡んで一般民間人を刺したり、店に火をつけたり、著しくは射殺する行為等が最も嫌われる。

山口組は田岡親分の昭和三〇年代と、竹中四代目射殺の山一抗争以後に「行け、行け」、

「殺れ、殺れ」の大抗争時代を経験している。一般人が巻き添え射殺されるに及んで国も堪忍袋の緒が切れ、暴力団専門の法律を作ったのだが、それでも日本は世界中の暴力団の中で国による規制が最も緩い国だ。のびのびと結社して専属メディアがその動向を常時追う。

ただ公然としているが故に組織側の自主規制も少なからず機能しており「薬物には手を出すな」「カタギを泣かすな」「強盗や窃盗はするな」「困った人がいたら助けよ」と言ったことがかなり実践されている。人身売買や身代金誘拐、保険金殺人など極端な悪事をしないのも公然性の故である。

思うに山一抗争以後の八五年から九〇年までの抗争は、山口組がやりすぎた。その反動が暴対法になり、暴排条例になって今一気に来ている。暴力団をいじめる法律を国会に提出すれば一人の反対もなく全員賛成で成立する。その気になれば簡単である。公然と存在する日本がよほど特殊なのである。しかし法律で結社を禁止するところまでしないのはヤクザを潜らせないで表に出しておいた方が良いと思われているからだろう。

犯罪組織が地下に潜れば検挙は益々困難になり組織も犯罪を過激化させる。むしろヤクザを公然化させて管理する方がよほど組織の自制力が働く。世の中に犯罪が無くなることもなければ、集団が消えることもないのだから、一つにまとめて国家権力がコントロールするのが一番良い。ヤクザは国の転覆を図るような反国家勢力ではなく常に国になびきたいと思っている親権力勢力だ。

暴対法において法律上初めて「暴力団」が定義されることになった。つまり暴力団とは、集団内における幹部もしくは、構成員全員の犯罪経歴保有率が、政令で定める率を超える場合、それを暴力団と認定するとの法律だ。判り易く言えば集団の構成員が他の集団の構成員に比べて圧倒的に前科者が多い場合を暴力団とするということである。

ところで集団構成員の前科者比率を計算するのはいいが、肝心の集団構成員が誰であるかをどうやって決めているのか。分裂した神戸山口組が二〇一六年四月、暴対法による指定暴力団とされたが前科者比率を割り出す場合の分母の人達は一体誰ということになっているのか。

私はかねがね疑っている。警察庁の暴力団員名簿は現実から相当ズレている。破門、絶縁になった人間、逃げていなくなった組員が多数混ざっていると思う。

山口組は言われるとおりピラミッドになっているが底辺の部分は砂でできていて、それも流砂だから、しょっちゅう入れ替わっている。破門、絶縁は日常茶飯事だ。暴対法が構成員を把握しようにも、常時動いているので把握はできない。

三次、四次団体の中には見栄を張るため架空で組員数を水増しするところもある。幽霊組員が組員として上部団体に報告されており、どこまでが真実か判らない。

直参と呼ばれる二次団体の組長でもどんどん入れ替わっている。分裂前、私が顧問弁護士をやっていた間（〇六年～一五年）で言えばやめた人は岸本才三、尾崎昭治《あきはる》、大石誉夫《おおいしたかお》、瀧澤孝、後藤忠政、太田守正、川崎昌彦《かわさきまさひこ》氏ら八〇名以上、新規加入もそれ位ある訳で入れ替わりが相当ある。まして三次団体、四次団体となると把握は無理だ。

構成員を把握して、その者達の犯罪保有歴を調べるというのだが、そもそも構成員の把握ができない。警察庁は全国警察からの報告を鵜呑《うの》みにして、極めていい加減にやっているのではなかろうか。正確に判る訳が無い。

警察庁の発表では一四年末の山口組の構成員数が一万人を超えている。しかし当時執行部の人に聞いたら「六千人位やと思います」と言っていた。実際は食っていけなくてどんどんやめており組員数は発表より少ない。ヤクザは見栄と張りで世渡りしており、何事もオーバーに表現するが警察もこのオーバーアクションに騙されている。ただ増える時も、あれよあれよという間に肥大化するので本当は判らない。ヤクザが地下に潜ってしまったら、それこそ組員など全く判らない訳で、暴対法はそこで機能停止になる。

暴対法による暴力団の定義は構成員が誰であるか判ることを前提にしており、ヤクザは表に出て公然としていてよいと言っているとも読める。ちなみに当事者の山口組は地下に潜ることは絶対したくないのだ。マフィアと一緒にされてはたまったものではない。

イタリアマフィアのように、人が口にするだけでもおぞましいほど忌み嫌われる団体には決してならない。強きをくじき、弱きを助け、日本中どの地で災害が起っても被災者を義捐《ぎえん》し、自らは常に感謝の念を持ち、恩に報いる生き方を求道する。

ヤクザが一般のカタギと違っている点はたった一つ。計算に合わないバカなことができるのがヤクザである。それを勇気と呼ぶか義侠心と呼ぶかはともかく、心意気だけは決して失ってはならない。世の中を落ちこぼれたゴミや鼻クソのせめてもの矜持《きょうじ》だ。

私はいつの間にか有名になりすぎていた。大阪府警のターゲットとして値打ちを持つに至っていたのだ。平成三年二月二三日大阪府警捜査四課に逮捕され六年間刑事被告人の席に座った。平成九年三月無罪判決が確定しているが、予想外の人生になった。

その年、八月二八日宅見さんが殺され、私は一人でずっと星を見ていた。

あとがき

私は弁護士を登録して満四〇年になる昨年（二〇一五年）弁護士としての資格を失い廃業しました。大阪府警による微罪検挙で起訴され有罪が確定したからですが、弁護士としてはちょっと考えられない二度目の検挙でした。全ては私が山口組顧問弁護士をしていたため、ことさら大阪府警に狙い撃ちをされた結果です。

その様な目に遭うことも承知の上で務めてきた山口組の顧問弁護士ですが、私が決してやめようと思わなかった理由はヤクザの存在に強い興味を引かれていたからです。

日本には何故ヤクザといわれる人達がいるのだろう。どんな考え方を持ってどんな生活をしているのだろう。存在する背景は一体何なのか。

そして世界には同じような集団があるのか、もし例があるならそのような組織が社会に存在する意義は一体何だろう。そんな思いに取り憑《つ》かれていたのです。

日本では常時ヤクザの動静を追うヤクザジャーナリズムが確立していて情報量が多いのですが、その割にはヤクザの実態が判りにくいと思います。恐ろしい無法者の凶悪集団とする見方から、悪を正し正義を実現する市井《しせい》のヒーローとする見方まであります。

機会を得て本書を書かせていただく以上は四〇年間間近でヤクザ社会を見た私なりの考えをまとめてみたいと思いました。

結局ヤクザとは社会に順応できない人が通常とは別の方法で生きていくために集まった組織だと思います。世界にはいくつか似た集団があり、各国それぞれに組織を弾圧し検挙していますが、日本は国による制圧姿勢が緩やかでヤクザ組織が公然として存在します。他国では類を見ない特徴で、公然たる存在故の独自様式を持っています。

収入源の中では民事介入暴力に分類される詐欺、恐喝の比重が大きいこと、義理掛けと呼ばれる組織同士のプレゼント交換があること、薬物を収入源にしたくないとの自己規制が働いていること、大震災には被災地で物資を義捐すること、ヤクザ人口が他国に比べて多すぎるうえに、ヤクザが一般人の娯楽として楽しまれている等です。

人がヤクザになる背景には差別や貧困、親の愛情の欠落等本人の責に帰し得ない事情がうかがわれ、幼少年期に形成された劣等感は克服が極めて難しいことも判ってきます。ヤクザの仕事は一種のサービス業でスキ間産業とも言えますが、社会に需要がある限り犯罪であろうと人にさげすまれようと生活の糧に変りはありません。悪いことでもするという考え方に変ってしまえば落ちこぼれにも充分生きる道があります。しかも本人の気持ちだけで大きなお金を握ることもできるし、絶大な権力を手に入れることもできます。

ヤクザ社会は社会に順応できない者のセーフティネットとして機能している他、破産や離婚など人生に一度失敗した人の敗者復活の場も提供しています。そして一般社会へは賭博、薬物、売春など違法サービスを供給し、あるいは債権取立、地上げ、倒産整理など暴力による紛争解決機能も担っています。

ヤクザの存在する社会は民主主義、自由主義が高度に保障された豊かな国に違いありません。そして集団が無くなることも考えられません。いつまでも公然としていられるか、潜在化へ追いやられるかは国の締め付けによって変ります。ヤクザが国民から嫌われたら潜在化せざるを得ないでしょう。イタリアのマフィア等は口にするだけでも眉をひそめるほど忌み嫌われているようです。そうならないためには自戒が必要です。本書がきっかけになればと願いながら四〇年間の観察をまとめました。

山之内幸夫（やまのうち・ゆきお）
1946年香川県生まれ。大阪府立成城工業高校（現・成城高校）卒業後、早稲田大学に進学。72年司法試験合格、75年大阪弁護士会に登録。84年山口組顧問弁護士に就任。88年小説『悲しきヒットマン 最大組織「山口組」・抗争と人間の実相』（徳間書店）を上梓、翌年映画化。2014年4月に建造物損壊教唆罪で在宅起訴され、15年11月に最高裁で有罪判決が確定。弁護士資格を失った。ほかの著作に『チャカ　その愛、その死』（徳間書店）、『悪徳弁護士』（飛鳥新社）などがある。

山口組《やまぐちぐみ》　顧問弁護士《こもんべんごし》

山之内幸夫《やまのうちゆきお》

2016 年 10 月 10 日　初版発行
2025 年 5 月 15 日　6 版発行

◆◇◇

発行者　山下直久
発　行　株式会社KADOKAWA
〒 102-8177　東京都千代田区富士見 2-13-3
電話　0570-002-301（ナビダイヤル）
装 丁 者　緒方修一（ラーフイン・ワークショップ）
ロゴデザイン　good design company
オビデザイン　Zapp!　白金正之
印 刷 所　株式会社KADOKAWA
製 本 所　株式会社KADOKAWA

角川新書

ISBN978-4-04-082093-4 C0295